2ª edição - Agosto de 2022

Coordenação editorial
Ronaldo A. Sperdutti

Projeto gráfico e editoração
Juliana Mollinari

Capa
Juliana Mollinari

Imagens da capa
Shutterstock

Assistente editorial
Ana Maria Rael Gambarini

Revisão
Érica Alvim
Alessandra Miranda de Sá

Impressão
Gráfica Paulus

Direitos autorais reservados. É proibida a reprodução total ou parcial, de qualquer forma ou por qualquer meio, salvo com autorização da Editora. (Lei nº 9.610, de 19 de fevereiro de 1998)

Traduções somente com autorização por escrito da Editora.

© 2020-2022 by Boa Nova Editora.

Av. Porto Ferreira, 1031 | Parque Iracema
CEP 15809-020 | Catanduva-SP
17 3531.4444

www.**petit**.com.br | petit@petit.com.br
www.**boanova**.net | boanova@boanova.net

Dados Internacionais de Catalogação na Publicação (CIP)
(Câmara Brasileira do Livro, SP, Brasil)

```
Carlos, Antônio (Espírito).
    Quando o passado nos alerta / ditado pelo espírito
Antônio Carlos ; [psicografia de] Vera Lúcia
Marinzeck de Carvalho. -- Catanduva, SP : Petit
Editora, 2020.

    ISBN 978-85-7253-358-4

    1. Espiritismo 2. Psicografia 3. Romance espírita
I. Carvalho, Vera Lúcia Marinzeck de. II. Título.

20-45203                                    CDD-133.93
```

Índices para catálogo sistemático:

1. Romances espíritas psicografados : Espiritismo
    133.93

Cibele Maria Dias - Bibliotecária - CRB-8/9427

Impresso no Brasil – Printed in Brazil
02-08-22-3.000-13.000

Prezado(a) leitor(a),

Caso encontre neste livro alguma parte que acredita que vai interessar ou mesmo ajudar outras pessoas e decida distribuí-la por meio da internet ou outro meio, nunca deixe de mencionar a fonte, pois assim estará preservando os direitos do autor e, consequentemente, contribuindo para uma ótima divulgação do livro.

VERA LÚCIA MARINZECK DE CARVALHO

Ditado pelo Espírito
ANTÔNIO CARLOS

QUANDO O PASSADO NOS ALERTA

SUMÁRIO

1º CAPÍTULO - O passeio.....**7**

2º CAPÍTULO - Águia dourada.....**17**

3º CAPÍTULO - O amor renasce.....**33**

4º CAPÍTULO - Augusta.....**45**

5º CAPÍTULO - A partida.....**59**

6º CAPÍTULO - Mais uma perda.....**73**

7º CAPÍTULO - Uma ajuda importante.....**87**

8º CAPÍTULO - A minha mudança.....**101**

9º CAPÍTULO - Uma outra existência.....**119**

10º CAPÍTULO - Enfim, encontrado.....**137**

11º CAPÍTULO - Em casa.....**147**

12º CAPÍTULO - O encontro.....**165**

13º CAPÍTULO - Palestras.....**185**

14º CAPÍTULO - João Pai-Nosso.....**199**

15º CAPÍTULO - O alerta que deu certo.....**215**

1º CAPÍTULO

O PASSEIO

Elias se espreguiçou na cadeira, acomodou-se para continuar debaixo do guarda-sol e deu uma olhada nas crianças, que brincavam na piscina.

– Eles estão se divertindo! – comentou Rosemary.

– Hum!

Elias deu uma olhada em sua esposa Rosemary, a Rose, como era chamada, que estava também noutra cadeira, sentada ao seu lado. Parecia não ter assuntos.

– O passeio está muito legal. Não acha? – Rose queria conversar.

– Hum! – Elias novamente resmungou.

Receberam uns respingos d'água. Elias ergueu o corpo. Eram os filhos que jogavam.

— Venha, papai! Venha, mamãe! A água está morna! Venham brincar conosco! – convidou Martin, o filho mais velho.

— Agora não – respondeu o pai. – Por favor, não me joguem água!

— Eu vou! – Rose se levantou.

Elias ia se acomodar novamente na espreguiçadeira, quando escutou:

— Bom dia! Como passou o dia de ontem? Pena que não foi pescar conosco.

— Bom dia! – respondeu Elias e se interessou pelo assunto. – Como foi a pescaria?

— Boa – respondeu o outro hóspede. – Aqui é agradável, mas passar um dia diferente é melhor ainda: longe das crianças, de escutar "pai, eu quero", "me dá", e "pegue isso" da esposa. Não é um lago grande, você aluga uma canoa com remos e faz exercícios. Lá tem tudo para alugar: vara, isca etc. O lugar é bonito, e a água, limpa. Pesquei dois peixes pequenos, não os trouxe, larguei com o pessoal do restaurante, não tinha como trazê-los.

— Lá tem local para comer? – Elias quis saber.

O hóspede sentou-se numa cadeira ao lado da espreguiçadeira em que Elias estava deitado e respondeu:

— Tem sim; é um local simples, mas de comidinha gostosa. Minha mulher está me chamado – levantou-se e respondeu mal-humorado: – Estou indo! – Virou para Elias e se despediu: – Tchau!

Elias olhou para a piscina, Rose e uma outra mãe brincavam com as crianças, jogavam bola. Elas riam, gritavam e espalhavam água. Observou-os. Martin, que era chamado em casa e pelos amigos de Tim, tinha oito anos; Raíssa, que era muito parecida com a mãe, estava com seis anos; e Manu, a Manuela, quatro anos. Foi a caçula que, segurando na borda da piscina, o ficou olhando. Sentia essa sua filha sempre carente, olhava-o com o olhar de alguém que queria algo. Quando isso ocorria, se ele sorria, ela também o fazia; se ele ficasse sério, ela continuava a olhá-lo. Ele não a entendia.

— Vá brincar! — Elias exclamou e sorriu.

Manu sorriu e se enturmou.

Ele tinha um bom emprego, trabalhava muito, Rose também trabalhava, mas somente por seis horas diurnas, fazia este horário desde que o filho nascera. Ficava pela manhã em casa com as crianças, levava-as à escola no período da tarde e ia para o trabalho. Elas voltavam pelo transporte escolar e ficavam com a empregada. Raramente ele as buscava na escola, só quando a empregada não podia ficar e, quando isso ocorria, a funcionária da casa deixava o jantar pronto. Ele ficava ansioso para Rose chegar, as crianças o estressavam.

Costumavam viajar nas férias e em alguns feriados. Desta vez, aproveitando um feriado, foram para um hotel rodeado de montanhas, numa cidadezinha pequena. Era, segundo Rose, para descansar, porém, na opinião de Elias, não havia como descansar com as crianças, que estavam sempre querendo atenção e alguma coisa. Foram na quinta-feira à tarde, os filhos gostaram; ali havia cavalos, piscinas, locais para brincar.

Saíram da piscina, e Rose pegou as toalhas para se enxugarem.

— Vamos à gruta? — Martin não queria ficar parado.

— Vou pedir para um monitor levá-los — disse Elias.

— Queria que você fosse conosco — insistiu o filho.

— Vamos, Li — pediu Rose.

Elias se levantou, estava cansado daquele descanso. Foram à gruta, que era pertinho do hotel; eles gostaram, mas, para ele, não foi nada interessante; não entrou, esperou-os na entrada, não gostava de lugares fechados e apertados. Na volta, Manu se cansou, e ele teve de pegá-la.

Voltaram para as piscinas.

– Rose, ontem uns três hóspedes foram pescar. Estou com vontade de ir amanhã.

– Li, não quero ir pescar. Prefiro ficar no hotel.

– Rose, você não entendeu, irei sozinho.

– Como?

– Indo – respondeu Elias. – Vou de moto, do hotel; irei cedo e volto logo após o almoço, iremos embora somente às dezesseis horas. Você fica aqui com as crianças.

– Vai me deixar com elas como sempre faz e... – Ia começar a reclamar, mas se calou; com certeza, não valia a pena iniciar uma discussão. – Está bem – resmungou.

– No sábado que vem ou domingo, fico com elas para você ter um dia livre – ofereceu ele.

– Combinado. No sábado irei fazer uma massagem, depois marcarei um encontro com umas amigas para tomar uns aperitivos e conversar.

Durante a refeição, o casal que ocupava a mesa com eles comentou:

– Aqui nesta região teve muitas minas de onde se extraíam ouro e pedras preciosas. Dizem que muitos escravos trabalhavam nelas. Depois, os mineiros. A região, as cidades por aqui foram prósperas, depois as minas se esgotaram, foram desativadas, e as pessoas foram embora, partiram para outros lugares. Foi a decadência, as cidadezinhas ficaram esquecidas, até que foram descobertas pelo turismo. As montanhas são bonitas, há cachoeiras, rios pequenos, tem muitos pássaros e animais. Os aventureiros escalam montanhas e as quedas-d'água, tomam banhos nas águas frias dos riachos. Se tivéssemos com quem deixar nossos filhos, teríamos ido. Quem foi voltou entusiasmado, contando que o lugar é de fato muito bonito.

Passaram a tarde no hotel e à noite teve música ao vivo, um trio tocou, cantou, e as crianças dançaram e cantaram. Eles se distraíram e estavam contentes.

Domingo, Elias acordou cedo, estavam ocupando um quarto conjugado; ele e a esposa num cômodo e, no outro, as crianças. Levantou-se tentando não fazer barulho, se trocou e saiu do quarto; tomou o desjejum e escutou atento as explicações do empregado do hotel sobre como ir ao lago.

— Senhor, a moto está pronta; lá encontrará tudo o que precisa para fazer uma boa pescaria. Tem de ir por ali, é só seguir pela estrada que é de terra batida, não tem movimento.

Elias pegou a moto e se deliciou, há tempos não dirigia uma motocicleta, e ir por estrada de chão era com certeza uma aventura. Contente, sentindo-se bem por desfrutar algumas horas sozinho, rumou para o lago.

"Talvez eu tenha me casado muito novo", pensou ele. "Bem, nem tanto, estava com vinte e quatro anos. Formei-me, arrumei um emprego, tinha planos de viajar, curtir a vida. Conheci Rose numa festa, saímos juntos, gostava dela, de sua companhia, mas não queria ter nenhum relacionamento sério; pensava em terminar nosso envolvimento quando ela ficou grávida. A notícia caiu como uma bomba. Não queria me casar, mas as famílias interferiram, e, alheio, vi arrumarem um apartamento, mobiliá-lo, marcarem a data, e casamos. Planejei então que, logo que nascesse o neném, me separaria. Martin nasceu, um garoto lindo, adiei a separação e me acomodei. Depois nasceram as duas meninas. E assim foi se passando o tempo, nosso casamento é uma rotina. Amo meus filhos e até gosto de Rose, mas com certeza não a amei nem a amo. Mas, nestes anos, não me interessei realmente por nenhuma outra mulher, talvez goste de Priscila. Eu e Rose estamos juntos, temos nossas dificuldades e discutimos; tentamos, porém, não brigar na frente das crianças. As famílias interferem muito", Elias suspirou. "Principalmente as mães, a minha e a de Rose. Às vezes, esta forma de viver me cansa e aborrece. Talvez eu não devesse ter tido filhos, mas agora os tenho. Se Rose não estivesse grávida, não teria me casado com ela; penso que ela engravidou de propósito."

Elias prestou atenção nuns buracos na estrada. Passou com cuidado com a moto.

"Será que Rose me ama?", se indagou. "Ela reclama tanto de mim, que deveria ser mais presente etc. Com certeza ela se sente como eu: não está bom, mas também não é ruim. De uma coisa tenho certeza, Rose ama muito os filhos. Ter sido mãe a completou. Nossos filhos são lindos, sadios, porém são chatos como todas as crianças."

Distraído nos seus pensamentos, nem percebeu que saíra da estrada e pegara um atalho.

"Será que é esse o caminho para ir ao lago? Vi o pessoal, hóspedes do hotel que foram pescar, ir de van. Será que uma van passa por aqui? Errei o caminho? Volto ou sigo em frente? O passeio de moto está tão interessante. Vou em frente mais um pouco."

Prestando atenção no caminho que era subida e estava esburacado, seguiu em frente. Do seu lado direito, surgiram umas ruínas.

– Interessante! – exclamou.

Parou e resolveu olhar. Deixou a moto encostada numa árvore e, andando devagar, foi olhando tudo.

— Parece que conheço este lugar! — assustou-se com sua própria voz.

O local era silencioso. Olhou as ruínas, parecia ser uma construção grande, uma casa enorme. Talvez tivesse sido um sobrado. O mato alto e farto quase a encobria, não havia portas nem janelas.

"Devem ter tirado as portas e janelas, talvez tenham sido roubadas", pensou Elias. "Este local parece ter sido abandonado há tempos."

Curioso e sentindo uma sensação estranha, foi caminhando devagar. Parou em frente a uma grande pedra que estava do lado esquerdo da casa.

"Aqui", pensou Elias, "deve ter sido um jardim; do outro lado, a estrebaria".

Passou a mão sobre a pedra, tirando os galhos e folhas secas. "Tem algo escrito aqui!"

Era uma pedra irregular, que media uns dois metros de comprimento, estava na horizontal, devia ter uns cinquenta centímetros de largura, e a altura, uns setenta centímetros. O escrito estava do lado virado para a área em frente à casa. Num trabalho delicado, a pedra fora desgastada.

— Águia Dourada! — Elias leu em voz alta.

A sensação que sentiu foi a de que sabia, antes de ler, o que estava escrito.

Foram à sua mente pessoas ali, em frente à pedra, de pé, olhando-a e conversando. Eram pessoas simples, com vestes que se usavam muitos anos atrás. Todos olhavam a pedra.

— Ficou bonita! — exclamou um homem.

Elias prestou atenção nele: era forte, cabelos pretos e bigode grande, costeletas, vestia calça larga marrom e uma camisa que talvez tivesse sido branca.

Sem entender e sem conseguir sair do local, Elias continuou vendo ou revivendo.

— Ficou bom, ainda bem que desistiu do outro nome.

Quem disse era uma mulher; ao falar, mostrou os poucos dentes; seus cabelos eram emplastrados, castanho-claros, com certeza eram longos, mas estavam presos num coque. Era robusta e baixa. Olhava a pedra com interesse.

— Manolo fez um bom trabalho – disse um jovem.

— Por que Águia Dourada? – perguntou uma garota.

Essa meninota devia ter onze anos. Era feia, magra; ao se aproximar da pedra, o fez mancando. Tinha a perna esquerda mais curta.

— Águias – o homem explicou –, quando voam, ganham facilmente altura e, se é dia ensolarado, o sol as ilumina, então parecem douradas.

— Acredito no senhor – disse um mocinho –, deve ser bonito ver uma águia voando. De fato, o nome é melhor do que Falcão Misterioso. Aqui não tem falcão.

— Vimos fatos sobre falcões naquele livro – explicou o homem. – O nome estava certo: como não conhecemos o falcão, ele é então misterioso – riu.

Todos riram. Elias então prestou atenção num dos meninos, que entrava na adolescência. Vestia calças curtas, largas, camisa remendada. Ria também. Tinha os cabelos bem curtos, castanho-escuros como os olhos, a pele era bem morena, era esperto e se divertia em ver os outros.

— Papai, o senhor viu mesmo águias por aqui? – perguntou um garoto.

— Sim, já as vi por três vezes.

— Quando o senhor as vir de novo, nos chame, queremos vê-las e nos certificarmos se ficam mesmo douradas ao sol.

– Ao voar – completou o homem.

– Que seja! Quero muito ver uma águia! – disse o garoto.

– Bem... está visto! – exclamou o homem. – A pedra não me custou nada, mas Manolo cobrou caro para grafar. Agora nossa pousada tem nome. Vamos trabalhar!

– Kurt – chamou –, leve esse balde para a cozinha.

Kurt era um dos garotos, pegou o balde e rumou para a casa.

Elias voltou a atenção para a construção e observou bem o local, caminhou devagar rumo à casa. Entrou, passou pelo vão que devia ter sido uma porta e viu somente ruínas. Ali, concluiu, devia ter sido um cômodo espaçoso, uma sala ou um salão; no canto direito, havia pedaços de uma escada, uma parte da antiga casa, era um sobrado de fato. De repente, imaginou, ali devia ter um balcão; pela sala, devia ter mesas e cadeiras.

– Chega de imaginar! – Elias falou em tom alto e firme.

Ele, há algum tempo, vinha fazendo muito isto: pegava algo, imaginava alguém o fazendo, o caminho percorrido por aquela peça até chegar à sua mão. Uma camisa, por exemplo: pensava em pessoas plantando algodão, colhendo, máquinas fazendo o tecido, depois em quem costurava, em outras pessoas colocando-as em caixas, nas prateleiras, a vendedora mostrando-as. Fazia isto com o pão, com muitos alimentos, era um exercício para dar valor a tudo. Uma vez lera numa revista que uma mulher fazia isto, imitou-a e gostou. Claro que não fazia isto o tempo todo, era somente quando não estava fazendo nada. Mas preocupou-se, ali imaginara e lhe parecera ser autêntico.

– Chega! – exclamou enérgico. – É melhor eu ir embora. Chega de imaginar!

Olhou novamente pelo salão em ruínas. Pisou com força para virar e sair.

Baque! Uma tábua grossa e pesada do assoalho foi com tudo em sua direção e lhe bateu na testa. Elias tonteou, sentiu tudo rodar e se sentou.

2º CAPÍTULO

ÁGUIA DOURADA

Quando Elias conseguiu abrir os olhos, viu que estava no salão da casa em ruínas, sentado numa cadeira de espaldar alto com a cabeça encostada. Sentiu, mais do que viu, a cadeira ter ainda resto de estofamento e tinha apoio de braços. Acomodou-se. Sentiu dor, o ferimento fora na testa, do lado direito, e sangrava. Como ele virou a cabeça para trás, o sangue escorreu pelo lado. Não conseguiu se mexer.

"É melhor me recuperar. Calma! É isto! Devo ficar calmo!"

– *Kurt! É você, Custódio? Voltou Kurt?*

Escutou, olhou, movendo somente os olhos, e viu, do seu lado esquerdo, uma pessoa, um homem, vestindo roupas claras e limpas. A visão lhe foi confusa; viu a pessoa, porém, era diferente, parecia etéreo, uma figura não concreta. Esforçou-se para falar, mas não conseguiu.

– *Fique calmo! É isto que deve fazer. Você foi ferido. Lembra? Bateu o pé com força numa tábua que antigamente era assoalho, infelizmente foi numa tábua solta; pisou numa ponta, e a outra atingiu você. Feriu-se. Por que veio aqui, antigo Kurt? Veio reviver seu passado? O que veio ver na Águia Dourada?*

– Hum! – Elias se esforçou e somente conseguiu balbuciar.

De repente ele se viu no salão como o havia imaginado.

– Kurt – escutou de uma senhora idosa –, já lhe contei muitas vezes sua história.

– Por favor, conte novamente – pediu o mocinho.

Elias via as cenas, assim como também sentia ser o garoto que era chamado de Kurt.

O menino puxou uma cadeira, sentou-se perto da senhora idosa e escutou atento o que ela falava.

– Sua mãe estava sempre por aqui. Ela contava que viera de longe para ganhar a vida por esta região onde há muitos mineiros. Alugava um quarto, saía com os homens. Tudo estava bem, mas aí ficou grávida, eu até a aconselhei a voltar para sua família. Sua mãe se recusou, disse que eles não a queriam. Teve você e o deixava comigo para fazer seus programas. Você crescia forte; eu e meu filho Eurico somos seus padrinhos. Sua mãe não tinha muito juízo, mas o que lhe aconteceu foi azar. Um mineiro apaixonou-se por ela e não queria que tivesse encontros. Sua mãe o ignorou e aí ele a matou, ferindo-a com uma faca. Esse homem, após o crime, sumiu. Nós a enterramos no cemitério. Por aqui, naquela época e até hoje, tem muitos crimes, roubos, brigas entre os mineiros. A polícia não se interessou em prender o assassino, que sumiu. Deve ter ido embora para outro lugar, certamente para longe. Ninguém sabe quem é seu pai, nem sua mãe sabia. Eu até procurei nas coisas dela se tinha algum endereço da família, não encontrei. Você ficou conosco, seu lar passou a ser a Pousada Águia Dourada.

— *Seu lar pela vida toda. Águia Dourada foi sua moradia por essa sua existência!* — escutou do vulto que continuava ao seu lado.

Elias continuou vendo as cenas.

— Fiquei aqui como empregado! — Kurt suspirou se lamentando.

— Aqui todos trabalham — debateu a senhora. — Até eu, idosa, trabalho.

— Faço mais coisas que os filhos do senhor Eurico, Vitório e Zacarias.

— Deixe de se lamentar — pediu a senhora. — Cuidamos de você. O importante é que tem um teto, local para ficar, cama para dormir e nunca lhe faltou alimentos. Foi à escola e sabe ler e escrever.

Elias sentiu Kurt revoltado pensar: "Se minha mãe não tivesse morrido, talvez minha vida fosse diferente. Tenho de fato cama e comida, mas, a não ser vovó, que gosta de mim, para os outros sou indiferente."

Sentia que Margarida o queria bem. Ela era a caçula, filha de Eurico e Maricota, era uma menina feia; por uma doença que tivera na infância, ficou com uma perna mais curta e andava mancando. Tinha rosto comprido, queixo grande, era de pequena estatura, magra, e tinha cabelos anelados castanho-claros, nem a cor nem os cabelos eram bonitos.

— Vó Verônica — pediu o mocinho —, me responda: Por que me chamo Custódio? E por que Kurt?

— Custódio é um nome bonito, penso que sua mãe também achava. Se é um nome de família, eu não sei. Kurt foi porque, quando você começou a falar, ao ser perguntado qual o seu nome, você dizia: "Kurt!". Passou a ser chamado assim. E escrever com K foi ideia de Zacarias, que dizia ser mais chique.

— Sinto falta de uma família, da minha mesmo! — o mocinho suspirou.

— Menino, preste atenção! – pediu Verônica tentando consolá-lo. – Quando nos falta algo e sentimos por isto, é para darmos valor se um dia tivermos de novo. Talvez, moleque, você tenha que aprender a viver assim, para, quando um dia tiver sua família, dar valor.

Voltou sua atenção aos moradores da casa.

Maricota, esposa de Eurico, era trabalhadeira, muito organizada, era ela que realmente administrava o local. Era gorda, feia também, enérgica e, boa mãe, protegia os três filhos e, não ligava para Kurt.

O filho Vitório, o mais velho, era trabalhador, quieto, bonito, era uma pessoa indiferente para Kurt.

Zacarias era malandro, estava sempre provocando o irmão, a irmã e Kurt. Gostava de brigar. Por ter caído quando pequeno e ter feito um corte grande acima dos lábios, ficou com uma cicatriz grande e feia. Embora estivesse sempre aprontando, era amoroso e os defendia, principalmente na escola.

Kurt gostava de ir à escola; na região, havia somente uma numa cidade perto, e apenas o curso fundamental, quatro anos de estudos. Iam, as crianças, aos sete anos, e, se não repetissem, terminavam aos onze anos. As quatro crianças da pousada estudavam. Iam e voltavam de charrete, um empregado os levava. Maricota se orgulhava de as crianças estudarem. Kurt gostou de aprender e, sempre que possível, pegava livros para ler. Sentia prazer em estudar.

A senhora idosa, dona Verônica, era uma boa pessoa; viúva havia muitos anos, morava naquela pousada, que era chamada de muitos nomes: de bar, e de fato era, pois servia petiscos, bebidas e também refeições; de pousada, porque havia quartos para alugar. Por não saber que nome dar, Eurico somente colocou Águia Dourada. Era uma casa muito comentada na região, onde se comia bem, tinha quartos para alugar, local para encontros etc.

VERA LÚCIA MARINZECK DE CARVALHO ditado por ANTÔNIO CARLOS

Verônica tivera sete filhos, esparramados pelo mundo, como dizia; somente uma filha morava perto, vinha de vez em quando vê-la. Era bondosa e todos gostavam dela. Kurt a achava simpática, era uma mulher idosa, arrumada e estava sempre limpa. Era exceção. Por ali as roupas eram encardidas, eles não costumavam tomar banho todos os dias e, pelo trabalho pesado, pareciam estar sempre sujos. Mas como todos se apresentavam assim, era algo natural, sobressaía-se a pessoa que se apresentava limpa. Verônica se gabava do nome que tinha:

— Tenho nome de uma santa, ela enxugou o rosto de Jesus. Está na Bíblia: essa mulher, com um pano limpo, quando Jesus carregando a cruz passou perto dela, Verônica passou o pano no rosto dele, e a figura do rosto de Jesus machucado, ferido, estampou o tecido. Deve ter sido maravilhoso! Minha mãe contava que, quando escutou isso numa pregação na Semana Santa, prometeu que, se tivesse uma filha, daria o nome de Verônica e assim o fez.

Ela contava com entusiasmo e se orgulhava de ter recebido o nome de uma pessoa importante. Apesar de contar sempre esta história, todos gostavam, e Kurt prestava atenção.

Ali, na pousada, tinha muitos empregados, porque havia uma boa e grande horta, um pomar com árvores frutíferas e a estrebaria. Eurico negociava cavalos. Havia dois empregados de tempo de casa, eram Jiló e Martina; os outros não paravam, estavam sempre mudando de emprego. Embora o trabalho nas minas fosse puxado, perigoso, muitos homens se aventuraram; iam, às vezes de longe, para tentar ganhar dinheiro. Muitas mulheres trabalhavam perto das minas, fazendo comida para eles e lavando suas roupas.

Notícias de brigas, disputas, assassinatos, roubos eram comuns por ali.

— É por falta de lar — comentava Verônica.

— Porque eles são a escória da sociedade — afirmava Maricota com ar de que sabia tudo.

— Com muitas pessoas num local fazendo a mesma coisa, isso acontece, brigam mesmo — Eurico comentava.

Elias sentiu que realmente Kurt era ele ou que ele fora Kurt. Estava no salão, e ele, Kurt, olhou-se no espelho. Viu um mocinho de cabelos fartos escuros, pele de mulato, não muito alto, talvez um metro e sessenta centímetros, magro, lábios grossos, nariz pequeno, olhos negros e de sorriso agradável. Estava com roupas gastas, velhas e remendadas.

Elias suspirou, tentou abrir os olhos; quando conseguiu, viu as ruínas e que ainda estava claro; sentiu dor, não só no corte, no ferimento, mas em toda a cabeça.

"Será que esta cadeira estava aqui?", pensou se perguntando. "Como me sentei nela? Devo, ao cair, ter me apoiado no seu braço e, pelo instinto, me virei e sentei. Aqui tem poucos móveis; ali no canto, duas mesas quebradas, pedaços do balcão. Vi ou não essa cadeira? Sim, penso que vi. Por que será que esta cadeira está no meio do salão? Por que não a levaram?"

De repente, as cenas voltaram.

— Pronto! Preguei a cadeira! — exclamou rindo Zacarias.

— Quero ver se alguém a tira do lugar! — Vitório tentou tirá-la e não conseguiu.

Era uma cadeira diferente, confortável, bonita, estampada, um tecido cor-de-rosa manchado.

— Ganhei numa aposta — contou Zacarias —, corrida de cavalos. Ganhei e a trouxe, ficará nesta mesa, na cabeceira. Não quero que a tirem daqui, que a peguem numa briga para jogar em alguém, por isso a prendi no assoalho.

— A cadeira ficou — balbuciou Elias. — Estou com sede.

Procurou pela mochila, encontrou-a no vão da cadeira, a alça estava no seu pescoço. Com dificuldade a pegou e abriu: lá dentro estava uma garrafa d'água mineral e outra térmica com chá. Pegou a garrafa d'água, abriu e tomou. Fechou-a e colocou-a na mochila e esta no seu colo.

"Preciso me levantar. Ir embora. Rose me espera para voltarmos para casa. Que horas serão? Machuquei-me tanto assim? Por que não consigo me levantar? Peguei a mochila, tomei água. Será que sofri um acidente vascular cerebral? Algo assim? Estou enfermo? Será que consigo gritar?"

— Hum... — resmungou Elias com dificuldade. Esforçou-se e não falou nada. Sentiu o homem perto dele. Perguntou pensando:

"Quem é você?"

— *Benedito. Chamo-me Benedito.*

"Não me lembro de você."

— *Estive por aqui naquela época. Queria ajudar. Fui encarregado de orientar os encarnados por aqui. Não estive como morador, mas como estou agora.*

"Como?"

— *Em espírito. Estive aqui para auxiliar aqueles que trabalhavam nas minas, suas famílias, e vinha aqui, que era um local de encontros.*

"Você me conhece?"

— *Sim, conheci você, Kurt.*

"Ficou aqui nas ruínas?"

— *Não,* — respondeu Benedito, o espírito —, *com o fechamento das minas, as pessoas por aqui foram embora. Aqui, na Águia Dourada, era referência, tentei orientar os que ficaram. Gostava de todos. Tudo passa, tudo passou, e nada ficou como era. Tentei orientar alguns desencarnados que por aqui permaneceram. Depois fui fazer outro trabalho. A cidadezinha aqui perto precisava de alguém, um espírito para ajudá-los. Fiquei. Quando vi você no hotel, reconheci o antigo Kurt, é assim a vida, vestimos muitos corpos. De repente senti você nas ruínas, vim para cá a tempo de ajudá-lo a cair sentado na cadeira.*

Elias olhou para o chão, viu tábuas soltas, buracos, faltavam muitas tábuas no assoalho. Tentou esticar as pernas, com esforço conseguiu.

Novamente viu o salão como era antigamente. Zacarias tropeçou e quase caiu. Riram dele.

— Se você — disse dona Verônica — não estivesse tão distraído, olhando para o alto, teria visto os objetos no chão.

— Olhar para o alto — completou Eurico o ensinamento — é bom, vemos belezas, mas o chão não deve ser desprezado. O importante é ter equilíbrio. Olhar lá e cá.

— Isto deve ser feito com tudo na vida — opinou Verônica. — Se ficarmos vendo somente nossos problemas, não veremos as soluções; se ficarmos só lamentando, não veremos as alegrias. Se choramos pelos sofrimentos, como ter paz? Tudo deve ser balanceado. Um pouco de cada vez.

— É isto! — Zacarias riu debochando. — Se estivesse olhando para o chão, não teria tropeçado. Mas se olhar somente para baixo, verei somente o assoalho e não as belezas do teto. A sabedoria está em ver tudo. Aproveitando as belezas de cima e vendo os perigos de baixo.

"Tem razão, Zacarias", pensou Elias, "se não estivesse distraído vendo as ruínas, teria visto a tábua do assoalho solta e não teria me ferido. Prometo a mim mesmo nunca mais fazer esse 'exercício de dar valor', pensar como é feito algo ou o que aconteceu num lugar. Agora estou confuso! Não me importo com o que aconteceu aqui, se de fato aconteceu. Não sei por que comecei a fazer esse exercício. Vou processar essa senhora. Que horror!

Quero parar de pensar e não consigo. Vou parar! Não vou pensar mais! Vou me recuperar, tentar me levantar e ir embora!"

Esforçou-se muito, nada, não conseguiu se mexer.

– *Não adianta Elias-Kurt. Você irá ficar aqui!*

Elias viu o salão como era anos atrás, e um grupo de pessoas sentadas em volta de uma mesa conversava, as lembranças o fizeram participar da conversação.

Em dias de pouco movimento, a distração na casa era se reunirem para conversar à luz da lamparina.

Normalmente a conversa era sobre os acontecimentos da região, quem namorava quem, casamentos, envolvimentos amorosos, brigas, negócios, e o que mais as crianças e jovens gostavam eram fatos ocorridos com os mineiros e assombrações. Nessas ocasiões, era Manolo o alvo das atenções, isto quando ele estava presente. Manolo fora quem escrevera na pedra o nome da pousada.

– Estou com quarenta anos – dizia orgulhoso de sua idade –, velho para trabalhar nas minas, mas ainda dou conta do serviço. Larguei minha família, mulher e quatro filhos e vim para cá; mandei por duas vezes dinheiro para eles, o tempo passou, os filhos devem estar adultos, talvez casados. Penso em voltar, mas me pergunto: será que minha mulher me espera? Vou encontrá-la com outro? Se isto ocorrer, entenderei, eu que a deixei sozinha. Mas se ela estiver me esperando, o que farei? Estará velha e feia? Com certeza não dará certo, e vou adiando minha volta.

– E se morrer por aqui? – perguntou Zacarias.

– Se eu morrer, eles não ficarão nem sabendo. Penso que deve ser isto o que eles pensam, que eu morri. Tudo bem, foi uma escolha minha.

— Conte um caso de assombração, senhor Manolo. Gostamos de ouvi-lo – pediu Zacarias.

— Fale dos escritos, das ossadas – rogou Vitório.

— As minas, penso que todas por esta região, são assombradas – Manolo não se fazia de rogado, contava. – Por ter havido muitos escravos trabalhando nelas em condições precárias e por terem sofrido, ficaram muitas histórias. As ossadas... Foi triste quando abrimos um buraco e as encontramos. Percebemos logo quando começamos a cavar que ali houve um desmoronamento. E teve mesmo. Encontramos sete esqueletos num cubículo de três por quatro metros. Os esqueletos estavam um do lado do outro, concluímos que morreram sentados. Havia ao lado deles uma tocha; com certeza, quando houve o desmoronamento e a entrada-saída foi fechada, a tocha se apagou e ficaram então em completo escuro, morreram por falta de ar. Ninguém sabia deste ocorrido, deste acidente. Com certeza, ao saberem que estes sete homens estavam soterrados, com certeza escravos, o responsável, julgando-os mortos, porque com certeza sabia que eles não tinham como sobreviver, preferiu deixa-los lá, teve receio de cavar e ocorrer outro deslizamento, e proibiu que se falasse no assunto. Escravos eram uma mercadoria cara; ele teve prejuízo, mas, para não assustar os outros, deve ter dado alguma desculpa pelo sumiço deles, como terem sido vendidos ou ido para outras minas.

— Você, Manolo, falou que escravos eram mercadoria? – perguntou Kurt.

— Mercadoria não é algo que se compra e vende? – respondeu Manolo. – Era isto que ocorria com os negros. O comércio de pessoas de pele negra era comum. Escravos, nas minas, morriam jovens, o trabalho era pesado e cruel.

— Por isso tantas assombrações nas minas! — Margarida suspirou penalizada.

— Penso que é isso mesmo! — Manolo também suspirou.

— Mas e aí? O que aconteceu com as ossadas? — Vitório quis saber.

— Quando encontramos aqueles esqueletos, o capataz que era responsável por aquela mina comunicou-se com o patrão, que ordenou que os levassem para o cemitério. O capataz comprou um caixão, disse que, se eles morreram juntos, que fossem enterrados juntos. Colocamos as ossadas no caixão e aí os ossos se misturaram; levaram o caixão à cidade, o padre deu a benção, e o enterraram no cemitério. Todos nós rezamos por eles e desejamos que estivessem em paz.

— E os escritos? — perguntou Zacarias.

— A Mina do Tatu, como chamamos a do leste, a que trabalho, tem muitos túneis. Encontramos um deles que certamente foi aberto antigamente e, por não terem encontrado nada, foi desativado. Quando entraram nele, surpresa, havia algo escrito numa parede. Curiosos, foram muitos os mineiros a ir lá para ver os escritos. Mas, infelizmente, poucos trabalhadores sabem ler e escrever. Eu sei, fui alfabetizado quando criança, fui então ler os escritos. Com caligrafia boa, letra bonita, estava escrito, penso, um recado ou uma promessa. Primeiro, quem escreveu afundou a terra, depois passou carvão. Está grafado: "Feitor Souza, odeio-o. Sei, tenho a certeza, que o farei pagar por tudo o que está fazendo a mim e a meus irmãos negros. Onde for o perseguirei, o inferno é seu destino e até lá serei o capeta que o fará sofrer".

— Muito estranho! Como decorou esta frase tão grande? — Margarida estava impressionada.

— De tanto ler! Um colega pedia, eu lia; outro também pedia, e assim fui muitas vezes lá; li tanto que decorei.

— Como pode um escravo escrever? Saberia? Nos tempos atuais, são ainda poucas as pessoas na região que sabem ler e escrever? — Zacarias estava desconfiado.

— Escravos que trabalhavam nas minas, como todos, eram comprados. Uns vinham de longe, foram tirados de um lugar, país, dos lares deles e trazidos para cá, mas alguns eram adquiridos por aqui mesmo. Quando isto ocorria, era porque seus donos estavam em situação financeira difícil ou por eles terem dado problemas sendo rebeldes e perigosos para trabalhar nas propriedades de seus donos, fazendas, e então eram vendidos para as minas como castigo. Era de fato raro um escravo saber ler e escrever, mas este sabia, com certeza foi comprado de alguém que o alfabetizara. Por que foi vendido? Não temos como saber. O fato é que ele sabia escrever e sentia muito ódio.

— Escravos! Seres humanos vendidos como animais! — Margarida, todas as vezes que escutava falar de escravos, ficava penalizada.

— Penso que pior — Manolo continuava a contar. — Entre os animais, as fêmeas cuidam de suas crias, mas, quando seus filhotes ficam maiores, esquecem o vínculo afetivo; para ela, é somente outro animal. Mas o homem não; se separado da família, sente, e muito. O fato é que as minas são assombradas, escutam-se chicotadas, gemidos de dores e rogos.

— Será que os antigos escravos ainda apanham? — Vitório estava assustado.

— Concluímos que agora são os que foram escravos que batem nos antigos feitores. Com certeza, aquele feitor que foi odiado por aquele escravo que escreveu deve ter sido mau; com certeza está recebendo o retorno de suas maldades.

— Será que o inferno é a mina? — Kurt ousou perguntar.

— O inferno é onde há sofrimento — comentou Verônica. — Nas minas foram feitas muitas maldades, e ali, quem as fez as recebe. Estou pensando: os escravos, longe daqueles que gostavam, tendo de trabalhar muito e sem folga e por muitas horas diárias, em locais apertados, com pouca alimentação, e se adoeciam não recebiam nenhuma medicação, ainda recebiam chicotadas e castigos, dormiam amarrados ou acorrentados para não fugir. Pergunto: Isto era ou não o inferno para eles? Quem fazia isto com eles eram ou não capetas? Aqui se faz, aqui se recebe. Porém aquelas pessoas não foram escravizadas por acaso, e esses feitores e quem ordenava os maus-tratos recebem também pela dor o mal que fizeram. É a lei de Deus! O importante é quem recebe uma maldade perdoar, resignar-se e cuidar de sua vida. Que Deus tenha piedade de todos.

— O senhor já viu um fantasma? — Zacarias perguntou a Manolo.

— Já vi vultos em muitos locais na mina, porém não os distingo. Mas companheiros têm visto e contaram que é tenebroso vê-los. Tenho escutado barulhos. Numa tarde estava sozinho na entrada e escutei: *"Ajude-me, branco! Sofro!"*. Assustei-me e corri para perto dos colegas. Não sei ajudar e penso que dona Verônica tem razão: se pedissem perdão e perdoassem, todos teriam paz.

— Será que estas assombrações ficarão lá para sempre? — Margarida sempre se preocupava com aqueles que sofriam.

— Não, minha neta — Verônica tentou explicar. — Tudo passa! Com certeza estes algozes, que já foram vítimas, se cansarão, e os que fizeram sofrer sofrem agora, mas, ao se arrependerem, rogando a Deus, terão alívio. Afinal, todos nós somos filhos de Deus, que nos ama igualmente.

— Tomara que isso aconteça — desejou Margarida —, é triste saber que uns sofrem por não perdoar e outros por não pedirem perdão.

— Penso que é isso mesmo, menina Margarida — concluiu Manolo. — Quando alguém, algum mineiro, consegue ver as almas penadas, conta que todos estão sujos, feios e fétidos, aparentam sofrer e não têm paz.

— Que período complicado este, o da escravatura. Ainda bem que não existem mais escravos — Kurt opinou.

— Se existissem, pela sua cor, quase mulato, poderia ser um — Zacarias riu.

Todos riram.

— Penso — concluiu Maricota — que houve tantas discórdias entre donos e escravos que, por muitos anos, por este motivo, haverá desentendimentos com ódio. O fato é que podemos não entender, mas mortos podem assombrar.

— E a mula sem cabeça? Conte senhor Manolo! — pediu Zacarias.

— Muitos já a viram, eu a vi por duas vezes — Manolo realmente gostava de contar estes casos. — Aparecem sempre perto de cercas; quando alguém chega perto, ela corre. Já foi cogitado que poderia ser um animal branco com a cabeça preta, cavalo, égua ou jumento, mas ficou como mula. O fato é que ninguém durante o dia viu, pela região, um animal assim, cabeça preta num corpo claro.

— Mistério?! Isto existe? — Eurico ficou curioso.

— Pode ser uma pessoa morta que se passa por animal, para assustar, ou que está como animal por castigo — Verônica deu sua opinião.

Depois destas conversas, todos sentiam medo. Iam em dois fechar a casa. Margarida, que ocupava sozinha um quarto, ou ia dormir com a avó e Kurt ou no quarto dos pais. Kurt se sentia aliviado por ocupar o quarto com Verônica, sentia-se protegido com ela. Todos acreditavam nas histórias; gostavam de escutar, mas sentiam medo. Elias sentiu isto em Kurt. Estas conversas, histórias, marcaram Kurt, que sempre se lembrava delas, assim como também não esquecera as orientações de Verônica: "Pessoas boas não se tornam assombrações. Isto acontece somente com aqueles que fizeram maldades e com os que não perdoaram. Por isso sejamos pessoas boas e perdoemos sempre".

"Com certeza", pensou Elias, "recordo-me dessas histórias de assombrações e, por ter gostado de escutá-las, até hoje elas me fascinam. Recordo-me ou estou imaginando? Estarei enlouquecendo? A pancada na cabeça está me fazendo delirar?"

Tentou relaxar, mas...

3º CAPÍTULO

O AMOR RENASCE

Sem entender, Elias voltou a ver as cenas como se as vivesse.

Estava adulto, dezenove anos. Ali continuava da mesma forma, porém o movimento diminuíra, pois muitos mineiros estavam indo embora, as minas não estavam mais tão produtivas. Havia ainda muito trabalho na pousada, mas eles, principalmente os jovens, se divertiam nas festas, onde normalmente alguém tocava algum instrumento musical. Margarida tocava viola e cantava. Nas festas, havia danças, cantos e muitas bebidas.

Verônica adoeceu e ficou acamada, Kurt sentiu e cuidou dela com carinho. Os dois continuaram ocupando o mesmo quarto, que era espaçoso. A boa senhora havia cuidado dele e agora era Kurt quem cuidava dela. Verônica há tempos estava adoentada, piorou e, por cinco meses, não conseguia mais levantar do leito.

Foi durante uma festa que Verônica faleceu. Eurico e Maricota decidiram continuar com a festa. Kurt chorou, mas teve de trabalhar. Foi a primeira vez que ele sentiu uma perda assim, foi doloroso. Gostava daquela senhora, que lhe dava atenção e carinho. Sua mãe havia morrido, mas ele nem lembrava dela. No outro dia, pela manhã, a enterraram no cemitério da cidadezinha, numa cerimônia rápida. Era sábado e estava marcada, para a noite, outra festa.

— Será que não podemos desmarcar esta festa? – perguntou Kurt.

— Moleque preste atenção – disse Eurico. – As coisas já não estão bem por aqui. Você, tanto quanto eu, sabemos que o movimento tem diminuído; duas minas já foram desativadas, e as outras não estão rendendo o suficiente, talvez fechem também. Temos concorrente, abriu um bar-pousada na cidade; se fecharmos, nossos clientes, com certeza, irão para lá e, se gostarem, passarão a frequentar esse local. Mamãe estava velha, já havia passado da idade de morrer. Que ela descanse em paz! A vida continua. Vamos ao trabalho. Temos muito serviço.

Kurt chorou, trabalhou, e foram muitas as vezes que lágrimas escorreram pelo rosto.

Jiló, um empregado, morava numa casinha nos fundos da pousada e era casado com Martina, que também trabalhava ali; eles tinham uma filha, a Rosinha. Mãe e filha eram mulatas, e Jiló era negro. Rosinha era mais nova que Kurt, era uma garota que estava sempre agindo errado, seus pais se preocupavam muito com ela; adolescente, tornou-se leviana. Adulta, conquistou Eurico e passaram a ser amantes. Os filhos do dono da pousada e Kurt sabiam desse envolvimento e faziam de tudo para a mãe,

Maricota, não saber. Kurt achava às vezes que ela sabia; outras, que não. A senhora da casa continuava como sempre, trabalhando e organizando tudo. Ela tinha muito jeito para comércio, sabia o que fazer.

Vitório comentou que estava namorando; ele ia, durante a semana, quando o movimento era menor, na cidade para vê-la, namorar. As festas e o movimento eram às sextas-feiras, sábados e vésperas de feriados. Os hóspedes mesmo eram poucos, a maioria dos quartos era para os encontros. Algumas mulheres moravam por ali perto, vinham às festas e tinham encontros, às vezes algumas mulheres ficavam por períodos, hospedadas ali, mas era raro. Também familiares de mineiros se hospedavam ali por dias.

Vitório resolveu se casar. Os pais e irmãos foram conhecer a moça e gostaram dela. O casamento foi marcado. Também para a cerimônia foram o casal com os filhos, e Kurt ficou para cuidar de tudo.

Kurt sentiu por meses a falta de Verônica. Margarida e ele foram os que sentiram a morte da boa senhora.

Ele não entendia o porquê, mas desde menino ele evitava Margarida. Sentia-se inquieto com seu olhar. Ela o olhava com adoração. Ele resolvera, logo que ela ficou adolescente, era mais nova que ele quatro anos, evitá-la mais ainda. Era difícil, já que moravam na mesma casa. Margarida dormia num quarto pequeno, sozinha, seu aposento era perto do de seus pais. Vitório e Zacarias, em outro quarto. Depois que Verônica faleceu, ele ficou dormindo sozinho. Com o casamento de Vitório, ele foi para o quarto junto a Zacarias, e Vitório iria ocupar o quarto dele, o antigo dormitório de Verônica era mais espaçoso. O aposento foi todo arrumado para receber o casal. A família ocupava os quartos do fundo; os da frente eram para os hóspedes.

Os donos da pousada, com a filha e Zacarias, voltaram para a casa depois do casamento, o casal viria depois; Vitório teve três dias de folga, e eles ficariam em outra pousada, numa outra cidade que era próxima.

Quando Vitório regressou com a jovem esposa Augusta, foi recebido por todos.

Kurt, ao ver Augusta, ficou encantado com a moça; seu coração bateu forte, não conseguiu desviar seu olhar. Augusta sorria tímida, tinha dezessete anos, cabelos negros longos, sorriso encantador e olhos muito azuis, de estatura mediana, magra, realmente encantou a todos.

No sábado, na festa, o casal dançou, todos estavam contentes.

Ao se deitar, Kurt orou e pediu para Verônica:

— Dona Verônica, encantei-me com Augusta, ela é esposa de Vitório. Não quero me apaixonar por ela. Ajude-me!

Dormiu e sonhou com Verônica; no sonho, ela o abraçou e falou carinhosamente:

— *Custódio, filho do meu coração, do meu amor. Preste atenção: não deve amar alguém que já pertence a outro, não é certo. Vá embora daqui! Você é empregado, sempre foi tratado assim. Você sabe que isso aqui está em decadência, vá embora para longe. Você arrumará outro trabalho. Vá, menino!*

Kurt acordou suado. Pensou muito no sonho que tivera e resolveu ir embora. Porém bastou ver Augusta no outro dia para mudar de ideia. Triste, entendeu que a amava.

Margarida passou a fazer de tudo para ficar perto dele; quando não conseguia, pelo trabalho, afastar-se dela, Kurt abaixava a cabeça e respondia com monossílabos.

Numa tarde, os dois estavam fazendo juntos um serviço na área do quintal, tiravam as palhas das espigas de milho. Com certeza esforçando-se muito, Margarida perguntou:

— Kurt, você não pensa em se casar? Ter filhos?

— Não, realmente não. Não estou reclamando, mas com o que ganho aqui não dá para sustentar uma família. Poderia procurar trabalho nas minas, ganharia muito mais, porém não me sinto bem numa mina, quase desmaiei ao entrar num corredor estreito.

— Se você morar aqui, tudo pode dar certo – Margarida, além de ficar com o rosto vermelho, falou devagar.

Kurt percebeu e resolveu pôr um fim nas esperanças dela.

— Resolvi ficar solteiro, não quero me envolver com ninguém. Não quero ter família, não quero morrer e deixar filhos pequenos, órfãos, como fiquei. Não quero namorar, ter compromisso. Está decidido! Também não quero conversar.

Margarida com certeza se segurou para não chorar. Mas estava decidida a tentar ficar com Kurt. Desta vez falou rápido:

— Poderíamos nos casar, viver aqui. Gosto de você!

Elias sentiu Kurt pensar:

"Meu Deus, não quero que Margarida sofra por mim, mas não a quero."

— Margarida – disse Kurt –, você é quase uma irmã para mim. Não afirmo ser irmã porque foi sua avó que me criou. Gosto de você como amiga, meus sentimentos não passam disto. Afirmo a você que não, não podemos namorar, casar, porque não quero. Por favor, não alimente esta ideia. Nunca, ouviu bem, não quero ficar com você.

Os dois abaixaram a cabeça, e Kurt, o mais rápido que conseguiu, foi tirando as palhas das espigas. Não conversaram mais, foi um alívio para ambos quando acabaram.

Kurt pensava assim, resolvera ficar solteiro, porém se pudesse ficar com Augusta, casaria com alegria. Esforçou-se, fez de tudo para que ninguém percebesse seus sentimentos.

Augusta ficou grávida, e todos ficaram contentes. O que preocupava a todos era que o movimento da pousada só diminuía. Eurico parou de negociar cavalos, não conseguia mais vendê-los, ficaram somente os animais que lhes serviam de transporte.

Como dormiam no mesmo quarto, Zacarias contou para Kurt seus planos.

– Uma turma de mineiros vai embora. Eles são de longe, estão voltando para sua cidade de origem. Pelas cartas que eles recebem dos familiares, eles ficaram sabendo que lá tem bons empregos. Vou com eles.

– Você irá fazer seus pais sofrerem – opinou Kurt.

– Não dá para ficar aqui e ver os mineiros, nossos clientes, irem embora. Já decidi. Se der certo, escrevo para você; se quiser, poderá ir também. Se não der certo, volto. Decidi, não quero ficar aqui.

Kurt o entendia, mas preferia que ele ficasse. No jantar, com a família reunida, Zacarias deu a notícia. Todos ficaram preocupados e se entristeceram, os pais tentaram fazê-lo mudar de ideia, foram dias de conversação, porém Zacarias não cedeu, iria embora.

Maricota arrumou as roupas dele, Eurico lhe deu dinheiro. A despedida foi triste, as mulheres choraram, mas Zacarias partiu contente, Vitório o levou de charrete até a cidade, onde ele se encontraria com os outros homens que partiriam. Foram para uma capital de estado, com empregos arrumados na construção civil. Dois meses depois, ele escreveu que tudo dera certo e que estava contente; estas notícias consolaram os pais. Kurt ficou sozinho no quarto.

Maricota estava desconfiada da traição do marido, e o casal passou a discutir.

Eurico com Vitório iam sempre à cidade fazer compras, raramente Kurt ia; desta vez Vitório levou Augusta para visitar a mãe e Margarida foi junto para fazer companhia à cunhada. Naquela manhã, estavam na casa Maricota, ele e três empregados. Kurt estava trabalhando na horta quando escutou uma discussão, Maricota e Rosinha brigavam aos gritos. Kurt correu, as duas estavam na lavanderia, como chamavam naquela época o cômodo de lavar roupas. Maricota xingava, e a garota debochava. A dona da casa pegou um facão e foi pra cima da moça, que se assustou. Kurt, pela corrida, estava ofegante e, ao ver a gravidade da briga, entrou no meio e segurou o braço de Maricota, mas não conseguiu, a faca bateu no seu braço direito.

– Ai, meu Deus! – gritou Maricota assustada.

– Acudam! Acudam! – gritou Rosinha.

Os outros empregados, apesar de escutarem a discussão, não quiseram interferir; com os gritos, foram correndo e encontraram as duas assustadíssimas e Kurt sangrando. Era um corte grande no seu braço direito.

– Acudam-no! – pediu Maricota.

Dois empregados levaram Kurt para dentro e o colocaram sentado na cadeira pregada, a mesma em que Elias estava sentado. Maricota chorava; Jiló mandou Rosinha para casa e pediu para Martina buscar toalhas limpas. Amarrou a toalha no braço de Kurt. Acomodou-o e pôs um travesseiro para apoiar o braço e ficar mais alto. Deu água para ele. O ferido melhorou e ficou quieto. Depois, Jiló foi a cavalo buscar Eurico. Maricota estava inquieta.

— Perdão, Kurt! Desculpe-me! Não queria ferir você! Não mesmo!

— Dona Maricota, se acalme! — pediu Kurt. — Foi somente um corte.

A toalha se encharcou de sangue. Ele ficou quieto, era realmente o melhor a fazer, e tomou muita água. Ouviram o galope de cavalo, alguém chegara. Margarida voltou sozinha, galopando no cavalo em que Jiló fora. Ela entrou no salão.

— Trouxe remédios! Vou lavar as mãos.

Voltou em seguida.

— Antes de ver seu ferimento, tome este remédio para amenizar a dor.

Deu um para ele e um outro para a mãe, que estava muito nervosa.

— O que aconteceu, mamãe? — perguntou Margarida enquanto arrumava o que trouxera da cidade em cima da mesa.

— Rosinha e eu discutimos. Moça abusada, riu de mim, me chamou de "velha horrorosa". Peguei o facão, ia feri-la, queria fazer um corte no rosto dela para que ficasse feia. Kurt entrou no meio. Está vendo, moleque, o que dá defender quem não presta?

— Dona Maricota — disse Kurt —, defendi foi a senhora. Como poderia deixar uma pessoa honesta, trabalhadeira, cometer algo de que iria se arrepender? Com certeza, com a força com que manejava aquela faca, poderia matá-la e aí iria para a cadeia. A senhora não merece isto, ser presa por causa de Rosinha. E se ela não morresse, ainda poderia ficar aqui na casa como patroa.

— Desculpe-me, peço-lhe novamente. Você tem razão, Kurt: socorreu foi a mim — Maricota estava descontrolada.

— Obrigada, Kurt — agradeceu Margarida. — Mamãe, vá se deitar, irá dormir com o remédio que lhe dei. Martina traga a bacia com água. Lave bem a bacia.

Com o remédio que Margarida lhe dera, Kurt relaxou, a dor diminuiu. Quando Martina chegou com a bacia, Margarida já havia arrumado tudo o que precisava. Com cuidado, tirou a toalha que estava enrolada no braço do ferido. Pela expressão dela, não gostou do que viu.

Margarida tinha muito jeito para cuidar de pessoas enfermas e com ferimentos. Kurt já a tinha visto cuidar de muitos mineiros feridos. Era uma curandeira; ali, pessoas que ajudavam doentes e feridos assim eram chamadas: de "curandeiras" ou "benzedeiras". Ela lavou o ferimento.

— Kurt, relaxe, por favor — pediu.

Margarida colocou um pano molhado com um remédio caseiro no nariz de Kurt. Ele sabia que aquele líquido lhe tiraria por uns minutos os sentidos. Foi o que ocorreu.

Margarida rapidamente costurou o corte. Era assim que falavam, realmente costurava como se fosse um tecido, com agulha grossa e fio de linha. Fechou o corte. Quando ele retomou os sentidos, o ferimento doía terrivelmente. Margarida havia acabado.

— Vou fazer o curativo. Continue sem se mexer — recomendou a moça.

Com cuidado, ela passou um líquido no ferimento, depois uma pomada e enfaixou o braço.

Kurt a olhou, ela sorriu, e ele pensou:

"Se eu conseguisse amá-la, teria uma excelente esposa. Mas é por ela ser boa que não devo iludi-la."

Fechou os olhos e agradeceu:

– Obrigado, Margarida!

– O que aconteceu aqui? Conte você agora – pediu a jovem.

– Sua mãe brigou com a minha filha – foi Martina quem respondeu. – Penso que ela descobriu que seu marido e ela têm ficado juntos. Essa menina não tem juízo. Que vergonha!

– Foi isso mesmo! – Kurt resolveu contar o que acontecera, porém continuou com os olhos fechados. – Sua mãe deve ter ido conversar com Rosinha, as duas discutiram. Eu estava na horta e as escutei, vim correndo e, ao chegar, as encontrei na área dos tanques; sua mãe pegou o facão e foi para o lado de Rosinha, entrei no meio, tentei segurar o braço de dona Maricota, e ela me feriu sem querer.

– Agora fique quieto – ordenou Margarida –, evite falar. O melhor é que fique aqui até a hora de dormir. Se quiser ir à latrina, chame alguém para ajudá-lo. Vou trazer leite para você.

Kurt achou melhor ficar ali, se distrairia ao ver o movimento da casa, e era mais fácil para ser ajudado.

Duas horas depois, Eurico e Vitório chegaram. Escutaram o que acontecera. Maricota ainda dormia em seu quarto. Vitório e Margarida deram uma lição de moral no pai, que prometeu não ver mais Rosinha e que ela não trabalharia mais na pousada.

– Senhor Eurico – disse Kurt –, dona Maricota poderia ter matado Rosinha; a sua esposa, que é trabalhadeira e honesta, iria então para a prisão. Será que ela merece isso?

– Não, Kurt, realmente ela não merece – Eurico estava muito aborrecido. – Vou pedir perdão para Maricota quando ela acordar e lhe prometer ser fiel. Agradeço a você pelo que fez. Descanse o tempo necessário.

À noite, Kurt foi para seu quarto, sentia fraqueza e dores.

No outro dia, Vitório foi buscar Augusta, que levou roupinhas para o neném.

O movimento da casa voltou ao normal, Rosinha não foi mais à pousada, e Kurt melhorou; Margarida tirou os pontos, a cicatriz ficou enorme. Ele voltou ao trabalho, porém fazendo serviços mais leves; tentou fazer o que sempre fizera, mas não conseguiu, seu braço direito não voltara a ter os movimentos normais e doía, principalmente se o usasse para fazer força. Meses depois, seu braço direito ficou mais fino do que o outro.

Augusta teve um menino, Maricota e Margarida fizeram o parto. A criança era linda.

O movimento na pousada diminuiu mais ainda. Os mineiros foram partindo. Kurt teve oportunidade de ir embora, mas não foi. Justificava que não queria partir, porém sabia que seria difícil arrumar emprego com aquela deficiência, principalmente porque somente conseguiria emprego braçal, como os outros que haviam ido embora, na construção civil ou, como ali diziam, de pedreiro ou ajudante de pedreiro. Mas o motivo mesmo era Augusta; para ele, bastava vê-la. Augusta ficou grávida novamente e teve outro menino.

Ele sabia que Eurico continuava a ver Rosinha, o dono da pousada ia à casa dela. Kurt, com medo de que Maricota descobrisse, até ajudava a esconder esses encontros.

Margarida estava na idade de casar; para os pais, ela já tinha passado da hora de casar; a moça não namorava ninguém e não tinha pretendente. A mocinha era tímida, estava sempre ajudando as pessoas, não reclamava de nada e parecia contente.

Kurt continuava evitando-a. Ele saía com algumas mulheres, mas realmente decidiu não ter compromisso. Amava Augusta e não se interessava por mais ninguém.

4º CAPÍTULO

AUGUSTA

Eurico, Vitório e Margarida foram à cidade e ficariam lá por três dias. Maricota tomava chás para dormir e raramente acordava durante a noite. Kurt escutava sempre à noite as crianças chorarem, mas não prestava atenção; se acordava, dormia novamente.

Naquela noite as duas crianças choraram; ele se levantou e foi ver o que estava acontecendo. Bateu na porta do quarto de Augusta.

– Augusta – disse ele em tom baixo –, sou eu, Kurt. Você precisa de alguma coisa?

A jovem mãe abriu a porta. Kurt evitou olhá-la. Ela estava com roupa de dormir, sua camisola era longa e de mangas.

– Sim, Kurt preciso de ajuda. Entre. Pegue os dois e os mime. Vou à cozinha fazer as mamadeiras. Os dois estão adoentados.

Augusta colocou os dois meninos nos braços dele e lhe ensinou o que fazer. Ela saiu do quarto e fechou a porta. Não havia hóspedes na pousada. Embora o braço lhe doesse, ele balançou as crianças, que pararam de chorar. A jovem mãe voltou, pegou o filho mais novo.

— Sente-se aí, Kurt, nessa cadeira, e dê a mamadeira para o que ficou no seu colo; darei para o neném.

Os dois mamaram. A jovem mamãe os trocou, e eles dormiram.

— Quer que eu faça mais alguma coisa? — perguntou Kurt.

— Não, obrigada.

Kurt levantou, os dois ficaram próximos e se beijaram, confessaram o amor que sentiam um pelo outro. Kurt e Augusta se amavam. Tornaram-se amantes. Antes do amanhecer, ele se levantou e foi para o seu quarto. Embora feliz por saber que também era amado, sentia-se inquieto. Sabia que fizera algo errado.

Combinaram de se encontrar na noite seguinte. Kurt passou o dia todo ansioso esperando o horário do encontro, eles tinham de conversar. Após Maricota ter se recolhido, e Augusta e as crianças também, Kurt verificou se a casa estava fechada, depois foi ao seu quarto, esperou por meia hora; como a casa estava silenciosa, foi para o quarto de Augusta.

Aquela noite os dois conversaram muito. Ela sabia a história de vida dele.

— Kurt, como você se sente morando aqui? Sentiu falta de sua mãe?

— Não sei o que responder, penso que todos nós sentimos falta de mãe, mas não me lembro dela e não sei se teria sido melhor ou pior se ela estivesse viva e me criado. O fato é que gostava muito de dona Verônica. Aqui sempre fui tratado como empregado. Mas sou um. Não quis e nem quero ser mineiro. Prefiro trabalhar na pousada. E você, Augusta, por que se casou com Vitório? Você diz me amar, então não o ama.

– Talvez se você fosse mais à cidade saberia o que ocorreu comigo. Vou lhe contar – a moça deu um longo suspiro. – Sou a caçula de oito irmãos. Tinha dez anos e três dos meus irmãos casados. Morava perto de nossa casa um irmão de minha mãe, ele era solteiro; tinha, na época, vinte e um anos. Ele ia muito à nossa casa, fazia as refeições lá, trabalhava nas minas. Ele me agradava, me trazia presentes. Numa tarde, eu estava sozinha brincando no quintal, e ele me chamou para ver um coelhinho na toca. Quis avisar minha mãe, mas este meu tio disse: "Não precisa, menina, voltaremos rapidinho". Fui com ele. A casa que meus pais moravam fica num terreno grande, como a maioria das casas naquela rua, todas têm quintais. Passamos pela cerca e fomos para um terreno enorme, onde há árvores e fica atrás da nossa casa. "Ali está a toca", disse ele. O fato, Kurt, é que não me lembro bem o que aconteceu. Era completamente inocente, nada sabia de sexo. Senti ele me machucar, tampou minha boca para que não gritasse. Senti dores fortes, chorei. Ele me deixou ali machucada, ferida, levantei-me com dificuldades, estava sangrando. Não voltei pelo caminho que viemos, fui pela trilha que ia para a rua. Vi um vizinho, gritei por ajuda. Este senhor, era um velho, me pegou no colo e me levou para minha casa. Naquela hora, os homens estavam trabalhando; por ali estavam as mulheres e alguns homens velhos que não mais conseguiam ir para as minas. Ele foi andando pela rua e falando alto: "Augusta se machucou!". As vizinhas saíram de suas casas para ver o que acontecera. Minha mãe se assustou quando me viu, me pegou e não sabia o que fazer. Uma das mulheres foi correndo buscar a benzedeira, a mulher que cuidava de pessoas enfermas e feridas. O vizinho que me levara falou alto para todos escutarem, já tinha ali muitas pessoas: "Atenção! Fiquem calados". Olhou-me e perguntou: "Quem a machucou? Não tenha medo. Fale!". Disse quem fora e completei: "Titio disse que ia me mostrar um coelhinho na toca. Não sei por que ele me machucou". Este senhor ordenou: "Cuidem dela, vou avisar o pai e os irmãos". Saiu. A benzedeira chegou. Ela exigiu que todos saíssem, queria ficar sozinha comigo. As mulheres curiosas saíram e ficaram na rua. Esta senhora me deu um remédio de gosto ruim, mas que minutos depois não sentia mais dores. Ela, com carinho, me deu um banho, colocou-me na cama, passou ervas nos meus ferimentos. Meu pai e irmãos chegaram. Ele entrou no meu quarto e, em vez de saber de mim ou me agradar, perguntou somente: "Augusta, preste atenção, não minta, responda: Foi seu tio Bento quem lhe fez isso? Quero escutar de você". "Papai", respondi, "ele me disse que ia me mostrar um coelhinho e que não precisava avisar a mamãe, que voltaríamos logo. Ele me machucou". Papai se virou e saiu. A benzedeira fechou a janela, me deu outro remédio, e eu dormi. Quando acordei, esta senhora estava ao meu lado, me ajudou a levantar, a ir à latrina, a me alimentar e me deu outros remédios; me acomodou na cama e pediu que me deixassem dormir. Realmente dormi; no outro dia acordei mais disposta, embora ainda sentisse dores. Senti mamãe triste e percebi que havia chorado, ela me fez ficar no leito e com o quarto fechado. Escutei conversas de mulheres e entendi que, curiosas, queriam saber, com detalhes, o que acontecera. Mamãe não deixou ninguém me ver a não ser a benzedeira. Tomava minhas refeições no quarto. No almoço, escutei meu pai falando com raiva, ele estava bravo e acusava minha mãe. "Você não faz nada! Serviços de casa? Tarefas fáceis perto do que fazemos nas minas. Devia ter olhado sua filha. Sim, a estou culpando! Ele era seu irmão. Não pediu? Não me fez aceitá-lo aqui? Culpa sua! Espero que agora você faça o que tem de ser feito". No intervalo das frases de meu pai, penso que mamãe respondeu, deve tê-lo feito em tom baixo, e eu não escutei. Ela elevou o tom de voz e perguntou: "'Era'? Você disse que Bento 'era' meu irmão?". Papai respondeu: "Entenda como quiser". Calaram-se. Minha mãe não mais me agradou, cuidou de mim como obrigação, não me deu um abraço nem me fez um carinho. Se papai a culpava, ela me culpou. Dizia que eu não devia ter ido a lugar nenhum sem avisá-la. Perguntei: "Mamãe, se tivesse pedido, a senhora teria deixado ou não?". Com a permissão dela, já tinha ido a lugares com esse meu tio; dias atrás tinha ido com ele comprar doces. Minha mãe não respondeu. Dias depois eu estava bem.

Augusta fez uma pequena pausa para, logo após, retomar sua narrativa.

— Kurt, naquela época eu não entendi o que sofrera; para mim, ele havia me ferido, como se tivesse me batido. Porém tudo mudou na minha vida.

Ela chorou, Kurt aconchegou-a mais ainda nos seus braços. Sentindo-se melhor, voltou a contar:

— Há tempos, anos, que não falo sobre o que me aconteceu. Estou me sentindo aliviada contando a você. Fui vítima e tratada como culpada. Inocente, continuei sendo penalizada. Meus pais me tiraram da escola. Não saía de casa, não ia nem ao quintal sozinha. Se alguém me visse no jardim de nossa casa, viesse conversar comigo e perguntasse algo sobre este assunto, mamãe não me deixava responder e acabava discutindo com a curiosa, não tinha mais amizade com as vizinhas. Eu não conseguia entender, mas aceitei. Depois de meses, passei a ir à missa com mamãe, às vezes papai nos acompanhava. Um dia me enchi de coragem e perguntei ao meu pai: "Por que não posso sair?". Ele me respondeu: "O que lhe aconteceu não é o suficiente? Quando alguém sofre o que você sofreu, outros podem achar que podem fazer o mesmo. Terei de matar mais alguém?". Com medo dele, nunca mais comentei sobre o assunto. Papai e eu nunca mais conversamos, nossa conversação era de perguntas e respostas ou de ordens que ele me dava. Foi cinco anos depois desta tragédia que, aproveitando que a senhora benzedeira fora à minha casa e mamãe fora pegar uma erva para ela no quintal, ficamos sozinhas e perguntei: "O que de grave aconteceu comigo para eu ser tratada assim?". Ela então me explicou e aconselhou: "É melhor seguir as recomendações de seus pais". "Por que eu tenho de ser castigada? Titio deve estar por aí, solto". "Você não sabe mesmo o que aconteceu? Pelo jeito não". Mamãe entrou na casa, deu a erva para a benzedeira, e ela foi embora. Perguntei a mamãe: "O que aconteceu com seu irmão? Aquele que me machucou?". Mamãe suspirou e respondeu: "Morreu! Augusta, ele era meu irmão caçula. Quando minha mãe, sua avó, estava para morrer, muito doente, ela me pediu para cuidar dele, que tinha treze anos, meu pai já tinha falecido. Eu prometi cuidar deste meu irmão. Sua avó faleceu, eu o trouxe para ficar morando conosco. Ele era diferente dos meus filhos; seu pai começou a implicar com ele, por Bento ser rebelde e malcriado. Então ele foi morar com outro meu irmão numa cidade próxima. Somente eu fiquei sabendo que ele lá roubou; meu irmão devolveu o que ele roubara e teve prejuízo, pois teve que dar dinheiro para o homem que foi roubado para ele não denunciá-lo. Bento voltou para cá. Arrumamos aquela casinha para ele morar, emprego, eu cuidei dele, limpava sua casa, lavava suas roupas, e ele comia aqui. De fato, sinto-me culpada. Primeiro porque não contei o que ele fizera, roubara, a ninguém; não podia ter escondido isto de seu pai. Segundo, por ter confiado em Bento". "Onde ele está agora?", quis saber. "Seu pai, quando ficou sabendo o que ele lhe fizera, quis ter certeza e perguntou a você; foi então, com seus irmãos, atrás dele. Tirou-o da mina, ele não queria vir, ficou com medo, mas não teve escolha. Levaram-no para a mata. Seus irmãos queriam surrá-lo, mas seu pai lhe deu três tiros. Enterraram-no lá. Para todos, ele fugiu com medo. Minha família e meus irmãos, pensam que foi isto que aconteceu. Se alguém na cidade desconfiou, achou certo, que seu pai tinha mesmo de matá-lo." Mamãe encerrou a conversa, e eu não tinha mais nada para perguntar.

Augusta fez mais uma pausa e, vendo Kurt atento, continuou a sua narrativa:

— Resolvi não pensar mais neste episódio triste. Procurei não reclamar e fazia o serviço de casa, ajudando minha mãe, saindo somente com meus pais e indo à missa aos domingos. Foi na missa que Vitório me conheceu. No terceiro domingo, Vitório foi à minha casa.

Aproveitando que ela fizera mais uma pausa, Kurt se lembrou de que Vitório, após as festas de sábado à noite, saía a cavalo. Ele não dormia para ir à cidade e ir à missa, que era às seis horas e trinta minutos, isto para vê-la.

– Vitório conversou com meu pai e pediu para me namorar. Papai o indagou: "Você sabe o que aconteceu com ela?". "Sei, sim, senhor", afirmou e completou: "Minha intenção é correta. Quero me casar com Augusta". Mamãe ficou contente, papai concordou e o agradou. Eu fiquei em dúvida, Vitório era bonito, mas era somente isto. Queria eu escolher quem namorar e não ser escolhida. Mamãe, me vendo indecisa, tentou me convencer, disse que seria difícil alguém querer se casar comigo, que deveria aceitar Vitório e ser grata. Que era sorte, milagre de Nossa Senhora, por ela ter feito novenas e pedido muito, que alguém se casasse comigo. Concordei com ela porque, dois meses antes, recebera um bilhete de um fazendeiro me propondo ser amante dele. Mamãe e eu choramos e resolvemos, para evitar conflitos, não contar para meu pai. Respondi o bilhete com outro: "Não aceito". Meu pai sentiu-se aliviado; eu, casada, estaria protegida. De fato, isto me preocupava: meu pai me protegia, eu era sustentada por ele e, quando meus pais falecessem, o que seria de mim? Não tenho uma profissão, tenho pouco estudo e, reclusa, não tinha amigas, era a coitada da família. Vitório ia me visitar durante a semana, sentávamos na sala, um em cada cadeira, poucas vezes ficamos a sós e, quando isto ocorria, meus pais ficavam no cômodo ao lado. Achei Vitório educado, mas não consegui amá-lo. Porém entendi que mamãe tinha razão, não poderia deixar de aproveitar a oportunidade de casar, ainda mais com um jovem bonito e trabalhador. Pensei que, casada, com a convivência, viria a amá-lo. Gosto dele, sou grata, talvez viesse a amá-lo se o não tivesse encontrado. Vitório prometeu cuidar de mim e tem cumprido. De fato, mamãe tinha razão: casada, as pessoas me olham diferente, e ser mãe foi algo muito bom. Meu pai quis fazer e fez uma festa no nosso casamento, penso que quis que todos soubessem que eu estava casada. No noivado, conhecemos a família de Vitório; gostei de Margarida, todos me agradaram. O casamento foi de fato bonito, e tudo deu certo. Vitório foi e tem sido um bom marido. Parecia que tudo estava bem, quando cheguei aqui e vi você.

Augusta deu um longo suspiro, olhou nos olhos de Kurt e perguntou:

— Você acredita que vivemos muitas vezes?

— Como assim? Não entendi – Kurt realmente não compreendeu.

— Essa senhora que benze tentou me explicar, quando um dia estava revoltada, queixava-me que fora enganada por uma pessoa maldosa que me machucara, e as pessoas não deixavam os ferimentos cicatrizarem, pois ficara marcada, e sem ter culpa. Ela me falou que nós todos temos almas, isto já sabia, e que Deus permite que nossa alma vá e volte; que, ao morrer, ficamos num lugar que é agradável para as pessoas boas e, ruim para os que agiram com maldade. Depois de um tempo nestes lugares, poderíamos voltar em outros corpos, viver de novo neste mundo.

— Isto a consolou? – Kurt quis saber.

— Mais ou menos. Ela tentou me fazer entender que eu sofrera aquela violência porque, com certeza, havia cometido um ato igual ou permitido que uma pessoa o fizesse a outra. Mas por que não me lembrava? Ela me explicou que era um mistério, mas, com certeza, era pela bondade de Deus, porque é muito ruim lembrar que fizemos maldades. Pensei muito no que escutara desta senhora, que é muito bondosa; mesmo não entendendo direito, me fez aceitar melhor meu destino. Kurt, você já escutou, porque dona Maricota fala muito, que está assim doente, feia etc., porque deve ter feito maldades na vida passada e que quer ser, no futuro, na outra vida, um homem? Ela fala isto com tanta certeza.

— De fato, escutei sempre isto dela. Um dia perguntei a dona Maricota o porquê de ela falar isto; ela me respondeu que um amigo do pai dela falava e que ela repetia e que queria que isto fosse verdade, porque então acharia, de fato, Deus justo. Talvez, Augusta, haja razão para eu ter ficado órfão, ficado aqui na Águia Dourada.

— Se isto for verdade, que voltamos muitas vezes aqui neste mundo, que nossa alma volta num corpo diferente de carne e ossos, nós já estivemos juntos e nos amamos em outras vidas, porque, ao vê-lo, meu coração disparou e senti amá-lo.

— Eu também, Augusta, confesso que lutei para não amá-la. Mas não se manda em sentimentos. Amo você mais do que a mim. Agora também creio que nosso amor, o meu, é de tempos, de vidas passadas. O que vamos fazer? Vitório retorna logo.

— Vamos ser discretos e nos encontrar quando pudermos. Posso ir no seu quarto. Mas não vamos nos encontrar fora da casa, sempre há quem veja.

— Será que não podemos fugir? — perguntou Kurt.

— Como? Levando dois filhos? Vitório aceitaria? Não faria como um homem na cidade que matou a mulher e o amante? E todos acharam que ele agiu certo. E meus pais? Com certeza seriam humilhados e sofreriam. Meu pai nunca mais foi o mesmo depois do que aconteceu comigo. Se eu fugir, eles sentirão vergonha; gosto demais de minha mãe e não tenho o direito de causar mais sofrimento a ela. Meus pais, depois do que aconteceu, não se entenderam mais. Mamãe, de tanto meu pai culpá-la, passou a se sentir culpada, e, também por não ter conseguido cumprir a promessa que fizera para minha avó. Papai se tornou amargurado, penso que não é fácil saber ser um assassino. Se Vitório nos encontrar e nos matar, irá ser preso? Como ficarão meus filhos sem mim? Quem cuidará deles? Uma madrasta? Eles serão adotados? Quando adultos, o que sentirão? Com certeza, não será fácil pensar que o pai matara a mãe? Poderia pensar que Vitório não nos encontraria, só que ficaríamos sempre com medo ou acreditaríamos que ele não se importaria, mas ele me ama e aos filhos. Aqui todos cobram atitude do marido traído.

— Você tem razão — concordou Kurt. — E há outra dificuldade. Como eu os sustentaria? Não tenho estudo suficiente para arrumar um emprego que não seja braçal. Não consigo fazer serviços pesados com meu braço.

— O melhor, Kurt, é nos amarmos e não nos excedermos nos encontros. Vitório está acostumado comigo levantando à noite para fazer mamadeiras. Posso fazer isto e, depois de alimentá-los, sair de novo e ir ao seu quarto somente por alguns minutos. Sei que agimos errado, mas não consigo nem pensar em ficar longe de você.

— Vamos, então, fazer isto e não nos excedermos. Todo cuidado é pouco.

No outro dia, Maricota e Augusta iam passear com os meninos na frente da casa. Kurt limpou a carriola, forrou-a e colocou as duas crianças; foi empurrando, e as duas mulheres, conversando. Pararam embaixo de uma árvore, Kurt escutou barulho de cavalos e julgou serem os moradores da casa que regressavam. Afastou-se, ficou atrás de outra árvore; de fato eles chegaram.

— Kurt! Kurt! — gritou Maricota.

Ele viu o casal se abraçar, esperou um pouquinho e se reuniu a eles, foi cumprimentá-los.

— Leve o carrinho, Kurt — pediu Maricota.

— Deixe que eu os levo — Vitório estava contente por ver a família.

— Eu levo seu cavalo — Kurt pegou as rédeas dos cavalos e os puxou.

Eram cinco cavalos, os outros dois estavam com as mercadorias compradas. Jiló e ele foram descarregar e cuidar dos animais.

Escutou Vitório contente contar as novidades e brincar com os filhos.

Kurt agiu como sempre, discreto e calado. Margarida tentou conversar com ele, evitou-a e tentou sufocar o ciúme ao ver Augusta com Vitório.

Na noite seguinte, Augusta entrou no quarto de Kurt e trancou a porta. Ficaram juntos por uns minutos. Depois, ele abriu a porta, olhou bem, tudo certo, então ela voltou para seu quarto.

E assim passaram a viver aquele amor. Não se encontravam fora de casa. Na frente dos outros, evitavam se olhar, conversavam pouco, só o essencial. Pelo menos duas vezes por semana ela ia ao quarto dele.

Num jantar, Vitório contou:

— Augusta está grávida!

— De novo? — Eurico se surpreendeu. — Um filho atrás do outro! Onde vão parar? Não era para se precaver, Vitório?

Vitório balançou os ombros, a jovem mãe ficou vermelha e se segurou para não chorar.

— Aconteceu — foi o que Vitório conseguiu falar.

— Augusta, não ligue para Eurico, ele é um grosseirão. Você é uma excelente mãe e cuidará bem do terceiro — Maricota, de forma carinhosa, tentou agradar a nora.

Ninguém falou mais no jantar.

Duas noites depois, Augusta foi ao quarto de Kurt; aflito, ele perguntou:

— Este filho que espera pode ser meu? Por que não me contou?

— Infelizmente não sei se é você ou Vitório o pai. Que tristeza! Como estou sofrendo com isto. Vamos terminar Kurt. O que fazemos não é certo.

— Você está certa, estamos agindo errado — concordou o moço. — Não vamos mais nos encontrar. Quero que saiba que a amo e que sempre a amarei.

Os dois sofreram.

Kurt pensou muito e não encontrou solução. Sabia que Vitório amava realmente Augusta, casara-se com ela, tratava-a bem, e eles tinham filhos. Com certeza os dois nunca iriam ser felizes juntos fazendo pessoas sofrerem. Fugir? Ir para onde? Não tinham dinheiro. E será que conseguiriam fugir de Vitório?

Porém Augusta não conseguiu cumprir a promessa e os dois tiveram outros encontros.

5º CAPÍTULO

A PARTIDA

Foi num encontro que Augusta lhe informou:
– Kurt, Vitório decidiu ir embora daqui. Partiríamos agora se não fosse a minha gravidez. Um dos meus irmãos foi morar num outro estado, local longe, arrumou um bom emprego, casou-se e está bem. Sabendo que aqui está difícil pelas desativações de muitas das minas, este meu irmão escreveu nos convidando para ir para lá e prometeu nos ajudar. Temos trocado correspondências. Vitório decidiu ir e até marcou a época, será três meses depois que o neném nascer. Iremos embora!

Choraram abraçados.

Uma semana depois, no jantar, com todos reunidos, Vitório deu a notícia e informou:

– Meu cunhado alugará uma casa perto da dele para morarmos. Irei com emprego arrumado e ganharei bem. Sinto por isto ter de acontecer. Não vejo futuro aqui, a pousada não tem dado lucro. Por favor, papai, não se entristeça e nem a senhora, mamãe. Tenho de ir enquanto sou jovem. Quero dar um futuro melhor para meus filhos.

Ficaram calados por alguns minutos absorvendo a notícia.

"Ainda bem", pensou Kurt, "que Augusta me contou; poderia, ao saber por Vitório, demonstrar alguma emoção. Já chorei muito só em pensar em não vê-la mais".

– Augusta, você quer ir? – perguntou Margarida quebrando o silêncio.

– Gosto muito deste meu irmão, não conhecemos a esposa dele, mas, pelas cartas, minha cunhada parece ser uma boa pessoa. Meu irmão insistiu para irmos. Deu certo para ele e pensa que dará para nós. Acompanho meu marido. Afirmo a vocês que ele pensou muito, a decisão não foi fácil, ele sente em deixá-los e ir embora da Águia Dourada. Está preocupado em se mudar para um lugar desconhecido, eu também estou, nunca viajei, não conheço uma cidade grande. Com certeza será o melhor que temos para fazer. Sim, Margarida, quero ir, mas vou com pesar, sinto em deixá-los, vocês sempre me trataram bem, gosto de todos e daqui.

Augusta enxugou o rosto; Vitório, com carinho, lhe fez um agrado.

Eurico fez perguntas sobre qual cidade iriam e onde trabalharia, Vitório respondeu; Maricota estava inconsolável e exclamou sentida.

– Mais um filho que parte!

– Iremos esperar – informou Vitório – o neném nascer e completar três meses; nessa época já terão passado as dores de barriga e viajaremos melhor. Este lugar é longe, teremos de ir à cidade, depois a uma outra para pegarmos o trem, depois um barco. Viajaremos de cinco a sete dias porque penso em parar para descansarmos.

Ninguém falou mais nada, todos estavam preocupados e tristes. Os dias se passaram, o neném na barriga de Augusta crescia, passaram a se ver pouco. A criança nasceu, Margarida ajudou-a no parto. A jovem mãe estava muito ocupada tomando conta dos três filhos. Eles se encontraram somente duas vezes.

– Meus pais nos deram dinheiro para irmos embora. Estamos tendo cuidado para eu não engravidar novamente – Augusta estava muito triste.

Nestes encontros ficaram somente abraçados.

– Já sinto sua falta – repetia Kurt pesaroso.

Ambos sabiam que o melhor era os dois se separarem, porém sofriam muito.

Eurico tentou ajudar Vitório.

– Tenho pouco dinheiro, vou lhe dar tudo o que tenho.

– Vitório – disse Kurt –, infelizmente não tenho nada. Você sabe que há tempos seu pai não me paga. Não estou me queixando, sei bem que ele não tem mesmo. Se eu tivesse dinheiro, daria a você.

– Obrigado, Kurt – Vitório ficou comovido. – Se pudesse, convidaria você para ir conosco.

– Entendo, Vitório – disse Kurt –, teria dificuldades, com este braço, de arrumar trabalho. Meu lugar é aqui. Agradeço-lhe!

Vitório afastou-se, e Kurt pensou:

"Não posso ir com eles. De jeito nenhum! Como ficar perto de Augusta e sufocar este amor? E se Vitório descobrisse? Mataria-nos? Ele iria para a prisão. E as crianças? O melhor é eles irem, e Augusta e eu nos separarmos."

Kurt observou bem o neném, tentou ver se ele se parecia com ele, não notou nada, crianças eram todas parecidas. Sentiu pesar em pensar que aquela criança poderia ser seu filho. Acabou concluindo que o melhor mesmo era eles irem embora.

    Marcaram a data para partirem. Augusta e Kurt não conseguiram se despedir, ela estava muito atarefada com as três crianças, e Vitório estava mais presente, ajudando-a. O dia esperado chegou. Todos se levantaram cedo, tomaram o desjejum. Kurt se despediu, Eurico pediu para ele ir a uma mina convidar os mineiros para uma festa. Ele achou melhor ir, e logo: não queria vê-los ir embora. Eurico ia levá-los à cidade de charrete.

    Pegou na mão de Augusta.

    – Adeus! – disseram juntos.

    Olharam-se. Os dois se seguraram para não chorar.

    – Kurt – pediu Vitório ao se despedir –, cuide de todos para mim.

    Ele não respondeu e saiu rápido; no caminho, estando sozinho, chorou. Sentia que não ia mais revê-los, não iria mais ver Augusta, doía-lhe o peito, sofria.

    Voltou à tardinha à pousada, Eurico também havia voltado. Kurt falou do resultado de sua tarefa.

    – Estão mesmo diminuindo os mineiros; convidei todos: uns se interessaram, outros disseram que não têm dinheiro para festa e que estão economizando para ir embora.

    – Deixei-os – contou Eurico – na casa dos pais de minha nora, fui convidado a entrar, tomei somente um café. O pai de Augusta me disse que estava triste e contente ao mesmo tempo com a partida deles. Triste porque era mais um membro da família que ia embora, mas contente porque sentia que ia dar certo. E que, para onde iam, a filha nunca mais precisaria escutar comentários sobre o que aconteceu com ela. Compreendi aquele pai, o que ela sofreu foi horrível. Eu sou homem, gosto de mulheres, mas nunca iria forçá-las. Coitada desta minha nora; sofreu muito e espero que longe deste povo fofoqueiro ela esqueça de vez o que lhe ocorreu.

"Espero também", pensou Kurt, "penso que este foi o motivo para ela querer ir embora".

– Voltei para Águia Dourada – continuou contando o dono da pousada –, meu filho e família ficarão lá à tarde e dormirão essa noite com eles, Augusta queria ficar um pouco com seus pais. Amanhã cedo, o pai dela os levará à cidade próxima, à estação, o trem sairá às nove horas. Que Deus os proteja!

– Penso – lamentou Maricota – que não os verei mais, cinco a sete dias de viagem é muito tempo, não deverão mais voltar. Zacarias, que está mais perto, a dois dias de viagem, não veio nos visitar.

– Mamãe – Margarida também estava triste, mas tentou consolar a genitora –, o importante é que Zacarias está bem. Casou-se, tem dois filhos, trabalha, tem um bom emprego e está melhor do que se estivesse aqui. Vitório e Augusta também ficarão bem.

Não conversaram mais, não tinham assunto, estavam tristes. Jantaram em silêncio.

Kurt estava acostumado a falar pouco, resolveu continuar assim, e ninguém estranhou vê-lo calado; como Maricota, ele também sentia que não os veria mais.

Resolveu trabalhar bastante, isto para não ter tempo para pensar, para cansar o corpo e tentar dormir, sofria muito com a ausência de sua amada. Incomodava-se mais ainda com o olhar de Margarida, se não podia sair de perto dela, desviava o olhar e abaixava a cabeça.

"Será", pensou, "que Margarida sabe do meu envolvimento com Augusta? Ela sempre me observou e continua a me olhar;

de certa forma me vigia. Se ela sabia, preferiu ficar calada; isto não me surpreende, Margarida está sempre apaziguando rixas e evitando brigas. Com certeza, se ela desconfiou, ou sabe, deve ter preferido se calar, eles iriam embora e tudo ficaria bem. Se contasse, iria causar desgraças. Mas será que ela sabe ou não?".

Ficou em dúvida, mas, como eles partiram, ele decidiu não pensar mais nisso.

Estava fazendo mais tarefas, queria realmente se sentir cansado; seu braço doía, mas a dor era menor do que a que sentia pela separação.

Todos na casa estavam calados e tristes, a casa estava silenciosa. No jantar, Margarida comentou:

— Parece que à noite escuto as crianças chorarem. Como será que eles estão? Na viagem, conseguirão leite quentinho para fazer as mamadeiras? Eles gostam muito de mamar. A casa ficou tão silenciosa sem as crianças. Elas estavam sempre falando, querendo algo ou chorando.

Ninguém comentou, mas concordaram.

"Eu também tenho acordado à noite, parece que escuto um choro, queria escutar mesmo e depois esperar Augusta entrar no meu quarto. Meu Deus, como sinto falta dela."

Uma semana se passou. Kurt foi para a horta; quando foi, o dia estava nublado. Margarida havia ido atender uma mulher que ia ter um filho e com certeza Eurico fora ver Rosinha. O sol apareceu, e Kurt resolveu buscar seu chapéu, que estava no seu quarto.

Quando saiu de seu quarto e foi descer as escadas, encontrou-se com Maricota.

— Kurt, preciso conversar com você. Aproveito que Martina está com Jiló no quintal e estamos sozinhos na casa.

Ele gelou, por momentos receou que Maricota soubesse de seus encontros com Augusta. Parou, abaixou a cabeça e a esperou falar. Os dois estavam em frente à escada. Maricota virada de costas para ela.

— Kurt, Margarida, minha filha, está na idade de casar...

Ele suspirou aliviado e olhou para ela, que, após uma ligeira pausa, foi direto ao assunto.

— Não quero uma filha solteirona. Você está sozinho. Mora conosco. Por que não se casa com Margarida?

Kurt a olhou, pensou rápido no que responder e falou devagar, escolhendo as palavras.

— Dona Maricota sou grato por terem me criado. Penso que os recompensei trabalhando aqui. Moro de fato aqui até hoje. Não fui embora, como Zacarias e Vitório, até pensei em ir, mas como arrumar emprego com o braço assim? Estou sozinho, sim, porém não quero me casar. Margarida é, para mim, uma irmã. Não quero compromisso.

— Ingrato! É isto mesmo: você é ingrato! Criamos você; se dona Verônica não tivesse ficado com você, com certeza teria morrido ou se tornado um pedinte, esmolando pela cidade. E ainda joga na minha cara que está com o braço assim por causa de mim. Você impediu que Rosinha fosse ferida.

— Não estou jogando nada na cara de ninguém — defendeu-se Kurt. — Entrei no meio de vocês duas para apartar a briga. Não queria ninguém ferido e, com sinceridade, não queria que a senhora se tornasse assassina.

Maricota pegou no braço dele e apertou. Kurt sentiu dor, aquele braço era muito sensível. Ele puxou o braço e ela o segurou com mais firmeza. Ele então instintivamente com a mão esquerda tentou afastá-la, porém não calculou a força: Maricota se desequilibrou, foi para trás, soltou o braço dele e caiu na escada. Kurt se assustou, mas, quando quis segurá-la, não deu tempo, a senhora já rolava pelos degraus.

Silêncio. Ele olhou para baixo, ela estava caída, não se mexia. Desceu rápido e se aproximou dela.

– Dona Maricota! – chamou, pronunciando em tom baixo.

Nada, ela não se mexia. Observou-a melhor, lhe pareceu que estava morta. Passou a mão em frente ao seu nariz, não sentiu a respiração. Pegou um espelho que estava em cima de um móvel, levou-o em frente ao seu rosto. Não embaçou.

"Meu Deus, ela está morta! O que faço? Ninguém sabe que estávamos conversando. Para todos estou na horta. É para lá que eu vou."

Saiu rápido da casa e voltou para a horta. Estava inquieto, esforçou-se e tentou se acalmar.

"Não tive culpa! Deus sabe que não. Mas quem acreditaria? Talvez eu não devesse ter puxado bruscamente meu braço, mas ela apertou. Será que a empurrei com força? O fato é que eu nunca empurraria ou iria querer que dona Maricota morresse. Foi um acidente! Isto! Um acidente! Não vou contar a ninguém o que houve. Se Augusta estivesse aqui diria a ela, meu amor saberia me aconselhar. Estou sozinho mesmo. Não tenho em quem confiar, então não direi nada do que aconteceu."

Decidiu, mas continuou inquieto, tentou trabalhar. Escutou a sineta. Havia, na porta de entrada, um sino de bronze, de uns quinze centímetros e preso numa corda. Quando chegavam hóspedes, eles tocavam o sino para ser atendidos, mas também era usado para chamar os moradores da casa: aviso para almoço, jantar e para retornar à casa quando algo havia acontecido. Tocaram o sino rápido e forte. Ele sabia o porquê: encontraram Maricota caída. Esforçando-se para se controlar, foi rápido. Quando chegou na casa, escutou vozes, entrou na sala, e Martina o informou:

— Kurt, dona Maricota está caída aqui no chão.

— Caiu? — o moço se esforçou para falar.

— Não se sabe — Jiló resolveu explicar. — Martina a encontrou caída, ela não parece machucada. Penso que se sentiu mal, morreu e caiu.

— Dona Maricota — comentou Martina — estava há tempos se queixando, mas, como se queixava muito, ninguém ligava. Bem... o fato é que todos morrem.

Eurico chegou, Martina e Jiló contaram o que acontecera. Ele a olhou, passou a mão em frente ao nariz.

— Ela está morta! O que fazemos, Kurt?

— Eu?! — o moço se assustou. — Não sei!

— Jiló, vá buscar Margarida, avisá-la. Não! O melhor é Martina ir. Você, Jiló, vá à cidade. Não! O melhor é você, Kurt, ir.

— Senhor Eurico — disse Jiló —, é melhor se concentrar para dar ordens, o senhor está confuso. Pense e depois dê as ordens.

— Eu vou à cidade — decidiu Kurt. — Vou de charrete, compro um caixão, aviso o padre, peço ao sacerdote para ela ser velada na igreja, vou ao cemitério, peço para o coveiro arrumar um lugar para enterrá-la. Vou agora. Jiló, por favor, arrume a charrete, irei trocar de roupa. Martina, avise Margarida. Vamos colocar dona Maricota deitada na mesa. É melhor que ela fique aqui no salão.

— É o melhor que temos de fazer — concordou Jiló. — Será dificultoso subirmos as escadas com dona Maricota para depois termos de descer para a colocarmos na charrete para levá-la à cidade.

Os quatro pegaram Maricota, que era pesada, e a colocaram em cima da mesa. Kurt se trocou rápido e foi à cidade. Estava se sentindo aborrecido com o acontecimento e mais ainda com ele mesmo.

"O melhor é que continue assim. Como explicar o que aconteceu? Quem acreditaria? Menti e agora tenho que continuar com a mentira. Não tive culpa! Foi um acidente."

Falou o menos possível, mas teve de dar explicações e repetiu muitas vezes:

— Há tempos dona Maricota não se sentia bem. Martina foi quem a encontrou caída no salão. Deduzimos que ela sentiu-se mal, morreu e caiu.

Com tudo acertado, ele voltou com o caixão de madeira, que era rústico, feito somente para este fim, enterrar corpos sem a vida física.

Quando chegou na pousada, Margarida havia chegado havia pouco. Estavam ela e Martina trocando a mãe.

— Tivemos de cortar este vestido para colocar nela – explicou Martina. – Mas tudo bem, não irá parecer.

— Quando Martina me avisou, estava ajudando num parto – justificou-se Margarida. – Mamãe já estava morta, e esta mulher sofria muito, não podia deixá-la. Escolhi ser útil. O neném nasceu; estando tudo bem, vim para casa, vou trocar de roupa para irmos à cidade.

Kurt olhou para Margarida, ela estava com o rosto inchado de chorar.

— Senhor Eurico – decidiu Kurt –, podem ir todos, está tudo acertado, falta somente pagar o coveiro. Vão vocês, fico aqui para cuidar de tudo.

Eurico aceitou, achava que a pousada não deveria ficar sem ninguém. Com tudo arrumado, foram para a cidade.

— Se for possível – disse Eurico –, a enterraremos hoje mesmo e voltaremos.

VERA LÚCIA MARINZECK DE CARVALHO DITADO POR ANTÔNIO CARLOS

Kurt os viu partir, entrou na casa, a fechou e fez o serviço essencial; sentia-se agoniado e não sabia o que fazer. À noite foi para seu quarto, ia se deitar quando os escutou chegar. Correu para abrir a porta para eles, que estavam calados e tristes.

– Preferimos voltar – explicou o dono da pousada. – Como ficar e ir pernoitar na pousada do nosso concorrente? Ter gastos? Estamos cansados e vamos dormir.

Margarida foi com certeza a única pessoa que sentiu a morte da mãe.

No outro dia, tomando o desjejum, Kurt perguntou:

– Escutaram comentários no velório?

– O velório foi rápido, o padre deu uma bonita benção, oramos...

– Escutamos, sim, comentários – Eurico interrompeu a filha. – Falaram que Maricota morreu porque o filho e a família foram embora. Margarida e eu afirmamos que não.

– É bom escrever para eles – opinou Kurt. – O melhor é eles saberem por nós do que receber uma carta de outra pessoa. Devemos dar a notícia para Zacarias e Vitório da morte da mãe, contar o que aconteceu e, para não aborrecer Vitório, não deixá-lo amargurado pensando que a mãe faleceu porque ele partiu, escrever que dona Maricota estava se queixando de dores, mas que ela não estava mais triste com a partida deles.

– Você tem razão, Kurt – concordou Eurico. – Filha, escreva para os dois. Não temos ainda o endereço de Vitório, mas temos o do irmão de Augusta. Não quero que Vitório pense que a mãe dele morreu por eles terem ido embora e que sinta remorso; depois, não estamos mentindo, Maricota estava sempre se queixando.

Eurico e Kurt foram trabalhar, e Margarida escreveu as cartas. Após o almoço, ela leu para eles o que escrevera. Kurt, ao escutá-la, pensou:

"Como Margarida é doce e bondosa; pena que realmente não gosto dela como mulher."

Ela escreveu para os irmãos cartas parecidas no começo, contou do falecimento da mãe. Depois, para Zacarias, escreveu que a mãe estava adoentada, tomava remédios (isto era verdade) e que morrera de repente. Para Vitório, escreveu que a mãe compreendera e aceitara a partida deles, que estava contente porque o pai lhe dera um presente, que falecera tranquila e que ela dissera que ele (Vitório) fizera o que era melhor.

Eurico e Kurt concordaram, Margarida fechou as missivas, e Jiló as levou à cidade, no posto do correio.

A casa ficou mais silenciosa ainda, os três moradores pouco conversavam. As preocupações eram muitas, o movimento caiu mais ainda. Para pagar o caixão da esposa, Eurico vendeu um cavalo, o melhor que tinha, pois ele dera para Vitório todo o dinheiro que tinha.

Iam dormir cedo; nem sempre Kurt, ao ir para o quarto, dormia; ficava no leito pensando nos acontecimentos e em Augusta. Sentia tanto a falta dela que doía. Naquela noite, ele se lembrou de Verônica.

"Como me arrependo por não ter seguido o que aquela boa senhora me aconselhou, no sonho que tive. Se tivesse ido embora, teria arrumado emprego, não teria ferido meu braço, não teria o remorso de ter traído Vitório, de ter feito algo errado, e não teria sido a causa do acidente que dona Maricota sofreu. Por que fiquei? Por Augusta, mas não ficamos juntos, separamo-nos, ela foi embora. Se tivesse ido embora daqui, o que teria me acontecido? Como seria minha vida agora? Não tenho como saber. Como a vida tem mistérios! Teria, naquela época, sido fácil para mim ter ido embora com alguns mineiros. Não fui, e ocorreram tantas coisas. Pela minha decisão de ficar, tantas coisas aconteceram, e não tenho como saber se teria sido melhor ou pior. Não fui embora e arquei com as consequências. Devia ter seguido os conselhos de dona Verônica. Arrependimento não me fará voltar no tempo. Por isso é tão importante tomar decisões certas. Fiquei! E aqui estou!"

Elias suspirou, se mexeu na cadeira, conseguiu abrir a mochila que estava no seu colo, pegou a garrafa, tomou chá, fechou a garrafa e a recolocou na mochila.

"Com certeza poderei me levantar, sair daqui, pegar a moto e voltar ao hotel."

Não conseguiu se levantar.

— Meu Deus! — exclamou estranhando a própria voz. — Se consegui acomodar-me na cadeira e pegar a garrafa, por que não consigo me levantar?

— *Porque você precisa acabar de recordar.*

Elias escutou.

— Você é estranho, Benedito. Por que me segura? Deixe-me ir embora. Penso que já passou da hora de retornar. Perderemos o voo que nos levará para casa. Rose ficará furiosa, irei escutar sermão com certeza por um mês. Devo voltar.

— *Talvez seja este mais um motivo para ficar aqui: se vai escutar bronca porque se atrasou, tanto faz se foi por uma hora ou várias.*

Elias se esforçou para se levantar, não conseguiu.

— *Calma, Elias... Custódio... Kurt... você precisa recordar.*

— Preocuparei todos, não é justo. Quero sair!

— *Irá, sim, mas, quando melhorar ou se lembrar de tudo; o avião não espera, mas poderá pegar outro voo. Acalme-se!*

Elias tentou ver as horas no seu relógio de pulso, não conseguiu mais se mover. Teve a sensação de que estava colado naquela cadeira. Teve vontade de chorar, queria sair dali, daquela casa, daquele salão.

– Rose – disse – primeiro, com certeza, ficará brava, nervosa, tomara que tenha ido para casa com as crianças e me deixado, porém ela deve ter ficado, não irá perder uma oportunidade de brigar e ter razão. Mas com a demora, ficará preocupada. Quero ir embora!

6º CAPÍTULO

MAIS UMA PERDA

Movendo os braços e as mãos devagar, Elias abriu novamente a mochila, pegou a garrafa de chá e tomou mais um pouco. Conseguiu também se mexer na cadeira.

"Se posso me mover, posso me levantar, tenho de tentar, esforçar-me mais."

Não conseguiu, parecia colado na cadeira.

— Meu Deus! — exclamou.

— Meu Deus! — ele se lembrou de Margarida rogando.

Embora ele pouco conversasse com ela, ao vê-la exclamar pesarosa, indagou-a:

— O que está acontecendo, Margarida?

— Vitório escreveu, Augusta e ele se sentem culpados pela morte de mamãe; ele disse que, se soubesse que ela ia falecer logo, teria esperado mais para ir embora.

Kurt sentiu que sua amada também lamentava.

— Margarida — pediu Kurt —, responda logo, afirme para eles que todos nós morremos e que ninguém sabe quando. Que sua mãe não morreu por eles terem ido embora, foi porque essa era a hora de ela partir deste mundo.

— Vou fazer isso.

Ela escreveu contando com detalhes o que ocorrera e tentou fazê-los compreender e não sentir culpa.

Numa noite, todos estavam dormindo e foram acordados por um barulho alto, forte, como se alguém rolasse pela escada. Os três saíram de seus quartos: Eurico, Margarida e Kurt.

— O que aconteceu? — perguntou Eurico.

— O que caiu? — Margarida foi quem se aproximou da escada.

Estavam os três com castiçais com velas acesas nas mãos. Tentavam iluminar a escada, mas não viram nada.

— Vamos descer — decidiu Eurico — e verificar que barulho foi esse.

— Também vou, não fico sozinha — Margarida estava com medo.

— Será que alguém entrou aqui? — Kurt se preocupou.

Os três, com cautela, desceram as escadas. Não encontraram nada que justificasse o barulho. Verificaram as portas, estas estavam fechadas, assim como as janelas.

— Será que foi movimento da madeira? — Margarida quis entender.

— Madeira, ao se movimentar, estala. O barulho que escutei parecia o de alguma coisa, e grande, caindo, rolando os degraus — Eurico também se preocupou.

— Está tudo como sempre, nada fora do lugar — deduziu Kurt. Aconselhou: — Devemos voltar para nossos quartos e dormir.

— Papai, vou dormir no seu quarto, estou com medo.

Voltaram para seus quartos. No outro dia, com a claridade, os três olharam tudo novamente e não encontraram a causa do barulho.

Foi no jantar que Martina se queixou.

— Tenho escutado barulhos, não quero ficar na casa sozinha. Ontem senti alguém fungar no meu pescoço. Estou com medo!

— É impressão! Aqui não tem nada! — garantiu Eurico.

Kurt, entretanto, percebeu que o dono da casa não falou com convicção. Quando Martina saiu da sala, ele o indagou:

— O que está acontecendo, senhor Eurico? Posso saber?

— Eu também, como Martina, tenho sentido alguém perto de mim me vigiando. Por duas vezes senti alguém comigo na cama. Penso que é Maricota. Não sei se deveria falar isto, mas é o que sinto.

— Será que dona Maricota virou uma assombração?! — Kurt se assustou.

— Minha mãe não é assombração! — Margarida estava nervosa.

— Desculpe-me, é que não sei como falar, me expressar neste caso — desculpou-se Kurt. — Você, Margarida, também tem visto ou sentido algo estranho?

— Mais ou menos — respondeu a moça —; parece que nós não sabemos como nos expressar. Vi mamãe por duas vezes aqui na casa. Ela parece estar alheia, anda devagar e me deu a impressão de estar resmungando.

— Você sentiu medo? — Kurt estava assustado.

— Confesso que sim! Não é estranho? Amava mamãe, amo-a, não queria que tivesse morrido e tenho medo de vê-la sabendo que está morta.

Os três não sabiam o que fazer. Kurt estava somente escutando barulhos à noite, não se levantava mais; tinha medo de que, se levantasse e saísse de seu quarto, veria Maricota, temia que ela o acusasse ou falasse para o marido ou para a filha o que acontecera, como morrera. O fato é que estava atingindo a todos, estavam nervosos e com medo. Martina ameaçou ir embora, não trabalhar mais na pousada.

Os fatos estranhos continuavam: eram barulhos, sussurros, sentir alguém perto. Resolveram não comentar com ninguém com receio dos poucos fregueses não voltarem mais.

— Se Manolo estivesse vivo, ele talvez, pelas suas muitas experiências com esses fenômenos, poderia nos orientar. Temos de fazer alguma coisa — disse Kurt.

— Sinto que mamãe está sofrendo, isto me entristece. Vou procurar ajuda — decidiu Margarida. — Não posso deixar mamãe sofrer assim. Vou vender alguma coisa. Mais um cavalo. Vou pedir para Jiló oferecer para o vizinho. Pego o dinheiro, vou à cidade, saio bem cedo, mandarei celebrar missas para mamãe. Escutei comentários de que na cidade uma senhora ajuda pessoas mortas que têm dificuldade para encontrar o caminho para onde devem ir quando morrem.

Eurico concordou, ele sentia todas as noites a esposa na cama com ele, estava tendo dificuldades para dormir e não queria ir para seu quarto. Emagrecera e estava abatido.

Margarida fez o que planejara. Foi à cidade de charrete com Jiló. Voltou à tardinha e no jantar comentou:

— Fui à igreja, mandei celebrar três missas para mamãe. Fui à casa dessa senhora, a que fala com espíritos. Ela foi atenciosa, me atendeu e não cobrou nada. Contei a ela o que está acontecendo; esta senhora me explicou que não precisa ter sido uma pessoa maldosa para vagar depois de ter o corpo físico morto. E o mais interessante foi a explicação dela, afirmando que ninguém morre no sentido de acabar; a alma que anima o corpo de carne continua viva, e a pessoa tem de entender que terá que viver de outro modo. Muitas pessoas se perturbam com este fato, com a morte do corpo de carne, e ficam onde viveram sem entender o que aconteceu com elas. Esta senhora me disse que ela e outras pessoas que a auxiliam nesta tarefa irão orar, tentar conversar com mamãe, explicar a ela o que aconteceu e levá-la para um local bom, onde será atendida. Senti dentro de mim que isto irá ocorrer. Voltei tranquila. Com o dinheiro restante, comprei o que precisamos na casa.

Aquela noite foi tranquila, todos dormiram sossegados. Não se ouviram mais barulhos, os vultos sumiram e ficaram aliviados. Concluíram que Maricota fora ajudada.

— *Elias!* — chamou Benedito.

Ele se assustou, abriu os olhos, virou-se para o lado de que vinha a voz e viu o vulto.

— *Quero falar com você sobre este assunto* — disse Benedito com voz harmoniosa. — *Nascemos e morremos muitas vezes, atualmente existem termos certos para denominar este fato, espero que você pesquise e aprenda sobre isto. É algo que nos acontece, porém muitos complicam quando ocorre com eles. Sendo algo natural e, pelas muitas vezes que vamos e voltamos de um plano para outro, deveríamos aceitar melhor esta mudança. Alguns, infelizmente, repelem este vai e vem, não querem viver de forma diferente quando seus corpos de ossos e carne morrem; iludem-se achando que nada aconteceu. Isto ocorreu com Maricota, ela não aceitou esta mudança e ficou aqui na casa, a que sempre morou, gostava e julgava ser a dona. Orações a ajudaram, com certeza esta senhora para quem Margarida pediu ajuda sabia orientar espíritos como Maricota, a esclareceu, ela entendeu, foi para onde deveria ir, e os fenômenos pararam.*

— Que coisa! Morrer e não saber que morreu! — Elias se surpreendeu.

— *Isto acontece, mas por se iludirem! Por recearem esta mudança de plano que deveria ser normal, porque é natural... Continue Elias, a se recordar de quando você vivia como Kurt.*

Voltaram à rotina, conversavam pouco, Eurico saía mais para se encontrar com Rosinha. A casa estava sempre silenciosa durante o dia, e o movimento estava, cada vez mais, diminuindo. Não havia mais festa; os clientes, poucos, vinham para jantar, conversar e beber.

Margarida arrumou um namorado, era um mineiro. Kurt, no começo, achou que era para ele ficar com ciúmes, mas torceu para que o rapaz fosse boa pessoa. Ele veio conversar com Eurico, pediu para namorá-la. O pai deu permissão, deixou-os na sala sozinhos para namorar. Na cozinha, Eurico comentou com Kurt.

— Não posso impedir Margarida de namorar. Pena que seja um mineiro, porque as minas estão sendo desativadas, com certeza ele irá embora um dia. Será mais um filho que parte. Queríamos, Maricota e eu, que você se casasse com ela. Maricota, antes de morrer, me disse que ia falar com você. Não falou, não é?

— Não — Kurt foi lacônico.

— Pelo jeito você não a quer.

— Margarida é como uma irmã. Não quero me casar.

— Cada um de nós tem de fazer suas escolhas! — Eurico suspirou. — Eu fiz as minhas, me casei, me estabeleci aqui. Agi certo ou não? Maricota também fez as dela, fugiu da casa de seus pais para ficar comigo. Nunca mais soube deles porque o pai não a perdoou. Agora ela está morta. Fico pensando: o que a levou a falecer? Viver aqui isolada? Ter se queixado e ninguém ter dado atenção? Não ter feito um tratamento, consultado um médico porque não tínhamos dinheiro? Ter ficado desgostosa por eu ter amantes? Os filhos terem partido? Ou morreu porque todos morrem? Prefiro pensar que era a hora dela ir para o outro lado.

Kurt concordou com a cabeça e ficou na cozinha, não queria ir para seu quarto e ter de passar pelo salão onde o casal de namorados estava. Somente foi para seu quarto quando o mineiro foi embora.

Naquela noite, mais do que nas outras, sentiu falta de Augusta; teve uma forte sensação de que ela entrara em seu quarto e se aconchegara nos seus braços. A sensação foi tão forte que a procurou, passou a mão pela cama; aí se lembrou de que ela não estava ali e chorou.

Quando Zacarias e Vitório escreviam, Margarida lia as cartas em voz alta e as respondia. Eurico queixava-se de que não enxergava para lê-las. De fato, pela idade, já não enxergava bem, mas ele tinha pouca escolaridade, só sabia assinar seu nome, lia com dificuldade e não sabia escrever, porém sabia bem fazer contas. Assim, ao escutar Margarida ler as cartas de Vitório, ele sabia de Augusta, que eles moravam numa casa boa, confortável, que Vitório tinha um bom ordenado e que se adaptaram bem à cidade grande e que estavam contentes.

Margarida resolveu se casar, marcaram a data, usaria o vestido com que Augusta se casara e que ficara na pousada, reformou-o. O dia marcado chegou. Todos estavam contentes. A cerimônia seria à tarde, foram à cidade de charrete. Kurt não foi, preferiu ficar na pousada, pensou que era melhor Margarida não vê-lo no casamento dela.

Voltaram todos alegres da cidade. Kurt cumprimentou o casal desejando felicidades. Ao ver Margarida com o vestido com que Augusta se casara, lembrou-se dela e se emocionou.

O casal se instalou no quarto que anteriormente fora de Vitório e Augusta, por ser maior e mais arejado.

O esposo de Margarida, Darcindo, era uma pessoa agradável e a tratava bem.

A rotina continuou na pousada, Darcindo se levantava cedo para ir trabalhar e voltava à tardinha; Margarida madrugava para lhe fazer o desjejum. O novo morador passou a comprar alimentos, e os três, pai, filha e seu esposo, jantavam juntos. Kurt passou a jantar na cozinha.

Margarida ficou grávida, a notícia alegrou a todos. Escreveu para os irmãos, e Vitório contou que Augusta estava grávida novamente. Kurt sentiu ciúmes, era difícil para ele pensar nos dois juntos. Ele estava cada vez mais calado, trabalhava muito, e seu braço doía sempre.

A jovem grávida acertou com uma mulher que, assim como ela, ajudava doentes, feridos e grávidas, para ajudá-la quando a criança nascesse.

Margarida, embora afirmasse estar bem, Kurt não sentia isto, ela estava ofegante. Martina dizia que era normal em gravidez, mas Kurt preocupou-se, Augusta não ficava assim. Esforçando-se, Margarida tentava fazer tudo o que fazia antes e não se queixava.

Ela subia as escadas com dificuldade e nem estava gorda, a barriga ainda estava pequena. O marido, atencioso, à noite, a levava no colo para o quarto.

No sétimo mês de gravidez, Margarida começou a passar mal; a parteira foi até lá e explicou:

– Não é tempo do neném nascer, ele está muito pequeno. Margarida deve ficar acamada, talvez com o repouso a criança espere mais para nascer e ficar mais fortinha.

Porém Margarida entrou em trabalho de parto, a criança iria nascer. Darcindo chegou e ficou nervoso. Margarida sofria, e a criança não nascia. Assim se passaram o dia e a noite. Todos na pousada estavam apreensivos, Kurt foi para a horta e orou pedindo a Deus por ela. Eram nove horas da manhã quando a criança nasceu, e Margarida faleceu. Foi um acontecimento muito triste.

Naquela época, morriam, desencarnavam, muitas mulheres ao dar à luz, em partos complicados em que as parteiras, embora dessem toda atenção, carinho e amor, não conseguiam salvar a vida das parturientes. A criança, filhinho de Margarida, era muito pequeno; a parteira fez muitas recomendações, mas avisou que provavelmente ele também não sobreviveria.

A desencarnação de Margarida foi uma grande perda, todos sofreram: Eurico, Kurt, os empregados e principalmente o marido. Kurt entendeu que Darcindo a amava. Realmente não era difícil amar Margarida.

Kurt foi à cidade de charrete, comprou o caixão, avisou no cemitério do enterro e ao padre e pediu para o velório ser na igreja. O padre tocou o sino; as pessoas, como sempre, ao escutarem o badalar, foram para a frente da igreja, e o pároco lhes deu a triste notícia.

Kurt voltou à pousada, Martina e a parteira haviam arrumado Margarida, que estava com a expressão tranquila, demonstrando estar em paz. Levaram-na para a cidade, Kurt ficou para ajudar a parteira com o neném.

— Por tudo o que Margarida fez a todos e a mim, vou ficar aqui por mais uns dias para cuidar do filho dela.

— É tão pequeno, respira com dificuldade — observou Kurt.

— Isto me preocupa. Está nas mãos de Deus.

Voltaram do enterro tristes e calados, jantaram e foram dormir. Kurt ficou com a parteira cuidando da criança, aquecendo-a e tentando alimentá-la.

Ele dormiu de madrugada, acordou para a parteira dormir. Darcindo foi pela manhã ver o filho e chorou.

— Coitadinho! Órfão de mãe! É tão pequeno...

À noite, Kurt e a parteira estavam no quarto, e ela informou:

— A criança não está bem. Com certeza irá morrer esta noite.

— Minha mãe – contou Kurt – morreu me deixando pequeno. Dona Verônica me criou. Fui órfão. Não é bom ser órfão. O fato mesmo é que cada um tem seu destino. Margarida não merecia morrer e deixar um filho órfão.

— Quem merece? – perguntou a parteira.

— Não sei, eu talvez merecesse ter ficado órfão.

A criança morreu de madrugada. Darcindo chorou, todos se lamentaram, mais pela perda de Margarida.

"Com certeza foi melhor o neném ter morrido", pensou Kurt.

Eurico e Darcindo não sabiam o que fazer. Kurt se ofereceu:

— Se quiserem, eu vou à cidade, levo o neném, passo na igreja e peço para o padre abençoá-lo; depois irei ao cemitério e o enterro perto de Margarida.

— Você consegue? – Darcindo duvidou.

— Farei o possível.

— Vá, Kurt, faça isso – pediu Eurico. – Margarida amava muito seu filhinho, é justo que fiquem juntos.

A parteira pegou um cobertorzinho, embrulhou o neném. Kurt trocou de roupa, pegou uma cesta e colocou a criança. Jiló arrumou a charrete.

— Se o senhor não se importar – pediu a parteira –, vou descansar um pouco e à tarde irei embora. O que vocês vão fazer com as roupinhas que Margarida fez para o filho?

— Não sei – respondeu Darcindo –, agora não têm serventia.

— Se o senhor me der, doarei para outras mães pobres.
— Pode levar — concordou ele.

Kurt pegou a cesta com a criança e foi para a cidade. Estava triste com os acontecimentos. Na cidade, foi à igreja, e o padre o atendeu.

— Senhor vigário, por favor, dê a benção ao neném. O senhor benzeu o corpo da mãe, Margarida; a criança não resistiu. Se não tivesse morrido, seria batizado. Ele nasceu frágil, doente, não deu para trazê-lo para a igreja.

O padre abriu a cesta.
— É tão pequeno!
— Nasceu antes do tempo — informou Kurt.
— Prematuro. Vou batizá-lo e dar a bênção. Como ele se chama?

Kurt não sabia, não prestou atenção se eles falaram o nome que dariam ao neném. Resolveu dar o nome do pai, Darcindo.

— Quem vão ser os padrinhos?
— Eu — respondeu Kurt.
— Guilhermina! — o padre chamou a mulher que limpava a igreja. — Venha aqui, você será a madrinha.
— De uma criança morta? — a mulher não gostou.
— De um filho de Deus! — exclamou o padre.

A mulher ficou calada, o padre o batizou e depois abençoou o corpo para ser enterrado.

— Não quer mesmo que eu anuncie a morte dele? — indagou o pároco.

— Não, senhor. Padre, não tenho dinheiro, não temos. Fico devendo; quando tivermos, pagarei ao senhor.

— Tudo bem, filho. Vá em paz!

Kurt fechou a cesta, foi de charrete ao cemitério. Lá explicou para o coveiro.

— Vim enterrar o neném de Margarida, a moça que morreu de parto. Vou enterrá-lo junto à mãe.

— Isto não pode! Eu não vou abrir um caixão de quem foi enterrado. Não pode!

— Não estou pedindo para o senhor fazer isto. Depois não tenho dinheiro para pagar um enterro. Pagamos para enterrar Margarida. Sou eu que vou enterrá-lo. Entendeu? Por favor, não tente me impedir. Aja como se não tivesse me visto. O filhinho deve ficar com a mãe. Eu irei cavar, abrir o caixão, colocar o defuntinho com ela, fechar e enterrá-la de novo. Compreendeu? — Kurt, sério, falou olhando para o coveiro.

— Está bem, eu não vi você nem você a mim. Mas quero alertá-lo de que é difícil ver um cadáver em decomposição — avisou o coveiro.

— Está avisado!

Kurt pegou a cesta e levou para perto do local onde Margarida estava enterrada; depois foi a um cômodo na entrada do cemitério onde sabia estarem guardadas as ferramentas do coveiro. Pegou o que precisaria e começou a trabalhar. Tirou a terra, trabalhou calado e cadenciado, queria fazer mais rápido, mas seu braço doía. Viu o caixão, pegou o martelo e abriu, este estava pregado. Ao tirar a tampa, chorou: de fato não era agradável ver Margarida, ou o corpo que usara, se decompondo. Sentiu o cheiro forte. Abriu a cesta, pegou o neném, colocou-o no peito dela, porém a tampa do caixão não fechava, colocou o bebezinho de lado. Ajeitou-o e chorou.

— Margarida! Trouxe seu filhinho. Que fiquem os dois juntos no céu! Ele foi batizado e benzido. Estiveram juntos por meses, e que continuem assim. Fiquem em paz!

Pregou a tampa do caixão e jogou a terra. O coveiro, que o ficou olhando de longe, aproximou-se e se ofereceu:

— Ajudo-o. Já que fechou o caixão, é melhor colocar a terra direito.

Acabaram, Kurt agradeceu, pegou a cesta, saiu do cemitério e, na frente, se limpou da terra.

"Levo ou não a cesta?"

Resolveu levar, a cesta estava boa; Martina escolhera a melhor.

Kurt sentiu por tudo o que acontecera. Retornou triste.

Quando chegou na pousada, a parteira já tinha ido embora. Ele tomou banho. Eurico e Darcindo o esperavam para jantar. Ele contou o que acontecera, omitiu somente de como viu o cadáver de Margarida.

— Obrigado por ter batizado meu filhinho e tê-lo enterrado junto de Margarida — Darcindo estava realmente grato.

Alimentaram-se em silêncio.

Elias sentiu como se despertasse, olhou pelo salão.

— Deve ser noite, porém não está totalmente escuro.

Olhou para o alto: onde antes havia janelas, e estas eram grandes e altas, havia quatro, agora restavam somente duas, e estavam muito danificadas. Era por elas e pelos vãos das outras que vinha a claridade.

— Feriado da lua cheia! — exclamou. — A lua clareia o local. Talvez também porque eu fui acostumando com a falta de luz solar. Enxergo tudo.

Logo mais viu a lua, estava redonda como um prato, clara e bonita.

Conseguiu se mexer e se acomodar. Abriu a bolsa, pegou a garrafa de chá, tomou-o todo. Guardou a garrafa vazia.

– Será que eles estão me procurando? – sua voz fazia eco pelo salão. – Acharam a moto? Encontraram-me aqui? Nestas ruínas? Será que de noite pararam com a busca ou nem começaram? Rose deve estar preocupada. Ela deve ter contado para todos. Ela sempre fez isto, ainda mais agora que pode se passar por vítima. Viemos para cá, e eu saí para passear, deixando-a sozinha com as crianças. Tomara que me procurem. É melhor dormir, dormindo o tempo passa mais rápido.

7º CAPÍTULO

UMA AJUDA IMPORTANTE

Elias acordou várias vezes à noite; acomodava-se na cadeira e voltava a dormir. Acordou de fato quando começou a clarear.

— O sol está despontando! É dia! Segunda-feira! Se consigo me mexer e pegar água, por que não consigo me levantar, andar e ir embora? Devo me esforçar!

Abriu a mochila, pegou a água, tomou-a. Aí se esforçou, e muito, para levantar e não conseguiu.

— Meu Deus, o que aconteceu comigo? Feri-me na testa. O que pode ter ocorrido? Será que foi algo mais grave e eu fiquei paralítico? Não irei mais andar? Mas mexo as pernas, movimento os braços. Por que então não consigo me levantar? Devo, preciso sair daqui, ir embora.

— *Calma Kurt Elias!* — ele ouviu de Benedito. — *Calma! Aproveite e recorde-se!*

— Não quero me recordar. De que adianta? Estou muito confuso.

Com a aproximação daquele espírito, Elias realmente se acalmou e, sem entender, viu cenas que ocorreram no passado como se as revivesse.

No dia seguinte ao que Kurt enterrara o neném, ele procurou Eurico.

— Senhor, temos de escrever para Vitório e Zacarias contando da morte de Margarida.

— Você, Kurt, foi à escola. Sabe escrever, não é? Eu não enxergo mais para fazer isto.

— Sei escrever e ler, sim, senhor. Vamos fazer isto? O senhor dita, e eu escrevo.

Sentaram-se em frente à mesa de jantar. Eurico ditava, Kurt opinava, trocavam ideias e depois ele escrevia; fez isto com as duas cartas, uma para Vitório e outra para Zacarias. Foi então que Kurt percebeu o tanto que Eurico estava sofrendo com o falecimento da filha. Realmente, o dono da pousada sentia, e muito, esta separação.

Ele foi à tarde levar as cartas à cidade. Perto da igreja, um homem fazia este trabalho: ele pegava as cartas e as levava à cidade próxima, onde tinha um correio, e lá pegava as que chegavam e as distribuía. Este senhor cobrava por este serviço. Dois dias depois, Eurico pediu para Kurt:

— Vamos escrever novamente para meus filhos. Darcindo vai voltar para o acampamento, me disse isto ontem, falou que não aguenta dormir aqui sem Margarida. Também avisou que logo irá embora, voltar para a cidade dele. Você sabe Kurt, ele comprava alimentos. Ficaremos sem isto. Escreva para meus filhos pedindo ajuda.

Kurt escreveu para Zacarias, fez como Eurico pediu; para Vitório não pediu, não queria que Augusta soubesse que ele passava por necessidades. De fato, não tinham muito, mas ainda não estavam privados de nada. Tinham muitas galinhas, duas vacas que davam leite e uma boa horta. O que não tinham era café, açúcar e sal, mas ainda podiam comprar. Zacarias já havia mandado dinheiro para o pai. Pelo que ele contava nas missivas, estava bem, tinha um bom emprego, morava numa casa boa, e sua esposa era trabalhadeira; tinha somente dois filhos e estava contente com a vida que tinha.

Dois dias depois, Darcindo foi embora. Kurt foi à cidade levar as cartas.

— Eu já levei as outras duas anteontem na agência do correio — informou o homem. — Depois de amanhã irei novamente e coloco estas.

Kurt fez umas compras e voltou para a pousada. Foi surpreendido, Eurico trouxera Rosinha para morar na casa, e os dois ficaram no quarto dele, que era o melhor da pousada, onde por anos o casal dormira. Kurt se aborreceu e se isolou. Continuou tomando suas refeições na cozinha. Fazia seu serviço, cuidava da horta, da limpeza do jardim e ajudava Martina nas tarefas da casa. Pensou então seriamente em ir embora. Foi à cidade para procurar um emprego. Nada conseguiu. Com as minas fechando, sendo desativadas, a cidade estava em decadência. Conversou com alguns mineiros, eles também não sabiam o que fazer nem para onde ir. Aí pensou em ir à cidade em que Zacarias morava. Mas como ir? E lá, o que fazer? Aborrecido, indeciso, foi ficando.

Receberam correspondências. Vitório escrevera lamentando a morte da irmã. Zacarias mandara um livro e, dentro dele, dinheiro. Eurico pegou e se alegrou. Kurt ficou com o livro, começou a lê-lo, gostou, distraiu-se com a história e desejou ter outros para ler.

Eurico ditou outras cartas. Agradeceu a Zacarias, mentiu sobre o que ele tinha feito com o dinheiro e pediu mais. Como da outra vez, pediu somente para Zacarias.

Dois meses depois, Zacarias escreveu e, como da outra vez, mandou um livro com o dinheiro. Porém disse que ele estava pensando em ir visitá-los.

— Embora fosse gostar de ver Zacarias e conhecer sua mulher e meus netos, penso que é melhor ele não vir.

— Com certeza Zacarias não irá gostar de ver Rosinha aqui — opinou Kurt.

— Com certeza não irá — Eurico se preocupou. — Escreva hoje mesmo a ele de uma forma que Zacarias desista da visita.

— Vamos escrever que a pousada está decadente e que ele não ficará, com a família, bem acomodado. Isto é verdade.

— Boa ideia!

Kurt escreveu que a situação da pousada era difícil, que há anos não tinham mais hóspedes, encontros, festas, clientes; que a casa estava necessitada de tudo; e que era difícil recebê-los ali. Porém não fechou a carta; longe de Eurico, escreveu informando a Zacarias que Rosinha estava morando na casa, que dormia no quarto que fora da mãe dele e que Eurico estava gastando o dinheiro com a amante.

Embora achando errado e não gostando de Rosinha estar na casa, tinha de concordar que ela alegrava o ambiente e não implicava com ele, mas o ignorava, era como se ela não o estivesse vendo por ali.

Zacarias respondeu, desta vez não mandou dinheiro. Como sabia que Kurt lia as cartas para o pai, escreveu que não tinha como eles irem para lá e que, devido a um aperto financeiro, ele não mandaria mais dinheiro. Grifou o nome de Kurt e escreveu que não era verdade, ele estava bem, porém não queria sustentar a amante do pai, que fizera a mãe dele sofrer. Convidou Kurt para ir morar com ele. E completou: "Sei que ficou com o braço como está por defender mamãe. Se quiser vir, lhe mando dinheiro".

VERA LÚCIA MARINZECK DE CARVALHO ditado por ANTÔNIO CARLOS

— Nem vou responder a esta carta! Filhos ingratos! — Eurico achou ruim não receber dinheiro, e Kurt, mais um livro. Ficou tentado a aceitar o convite de Zacarias. Pensou muito. Estava acostumado a viver ali, tinha sua rotina. Conhecia somente a cidadezinha ali perto. Sentiu medo de viajar para longe e sozinho, de se perder; depois, estava há tanto tempo separado de Zacarias: Como saber se a convivência daria certo? Ele se adaptaria a viver de outra maneira? Numa cidade grande? Com certeza atrapalharia a vida deles. Seria um estranho para a mulher dele e para seus filhos. Com certeza os incomodaria. Não queria viver às custas dele. Respondeu a carta agradecendo e afirmou que preferia ficar na Águia Dourada.

Vitório também escreveu contando que tiveram uma filha. Kurt respondeu desejando tudo de bom para a nenenzinha.

Eurico sem dinheiro e Rosinha exigindo coisas, ele vendeu as duas vacas; dois cavalos, ficando com um somente, e velho; vendeu também um balcão e alguns móveis. Rosinha pegou toda a roupa de Margarida e alguns objetos da casa. Mas não adiantou o esforço de Eurico para segurá-la. Rosinha foi embora, pediu para a mãe dar notícia de que ela tinha ido para uma casa de prostituição numa cidade da região.

Eurico ficou muito triste; aí se lembrou dos filhos e pediu para Kurt escrever para eles. Nestas cartas o dono da pousada ditou que sentia a falta deles, estava saudoso.

Vitório respondeu logo e deu a notícia de que nascera mais um filho e que, embora ganhasse bem, sua despesa era grande; disse que ele também sentia saudades, mas que não voltaria mais para a pousada, que a viagem era demorada e não tinham como viajar com tantos filhos.

Quando Kurt escreveu para Zacarias, abaixo contou que Rosinha tinha ido embora. Ele, ao responder, fez também no final uma observação de que gostara de saber que Rosinha tinha deixado a pousada.

Sem as duas vacas, ficaram sem o leite; alimentavam-se do que colhiam da horta e de ovos.

Jiló e Martina, por não terem para onde ir, continuaram ali mais para ter onde morar.

Eurico começou a se queixar de dores, estava doente.

Kurt insistiu:

— Senhor Eurico, faz meses que não escreve para seus filhos nem eles para o senhor. Vamos escrever?

— Não, que eles fiquem com a ingratidão deles. Você foi o único que ficou, não me abandonou. O que você acha deles: são ou não ingratos?

— Águia Dourada era próspera antigamente; se continuasse, todos poderiam estar aqui e bem. As minas foram fechadas. A cidade está decadente, a maioria dos jovens foi embora. Não tinha como Zacarias e Vitório ficarem aqui. Foram embora e devem estar bem, têm famílias e devem ter dificuldades, como todas as pessoas. Eles moram longe, é difícil para Vitório vir aqui; a viagem é longa, cara; se vierem todos, são muitos filhos, talvez ele não queira nos visitar sozinho e, para fazer uma viagem assim, terá de ficar sem trabalhar por dias, penso que ele não consegue fazer isto. O mesmo se dá com Zacarias. Não, senhor Eurico, eles não são ingratos, vivem a vida deles.

— Você tem razão, Kurt, e obrigado por você ter ficado comigo.

— De nada!

Kurt recebeu o agradecimento, porém ele sabia que não ficara ali por ele, o fizera por covardia, medo de enfrentar o desconhecido.

Primeiro, não foi embora por Augusta; depois, com o braço deficiente, por medo de não arrumar emprego. Ficou por não ter outra opção.

Eurico piorou e ficou acamado. Os três, Jiló, Martina e Kurt, tentaram, da melhor maneira, cuidar dele, que somente se levantava do leito com ajuda. O enfermo se alimentava pouco e se queixava de fortes dores no abdome. Foi enfraquecendo, sua respiração ficou difícil, e estava branco. Assim, ficou por dias; numa madrugada, piorou e faleceu; desencarnou agonizando.

Os três não lamentaram a morte do dono da pousada.

– É melhor morrer que ficar sofrendo assim! – exclamou Martina.

Concordaram. Decidiram o que fazer.

Iriam os três à cidade. Jiló e Kurt pegaram algumas galinhas e, as carregando, foram caminhando. Colocaram o corpo de Eurico na charrete e Martina a foi conduzindo. Assim que chegaram à cidade, Jiló mandou um mensageiro avisar a filha. Venderam as galinhas, compraram um caixão e foram à igreja. Kurt avisou ao padre que não tinha dinheiro; o vigário benzeu o corpo e orou. Foram ao cemitério: lá, o coveiro não queria enterrá-lo sem que pagassem.

– Largo o corpo aqui! Não temos dinheiro! – Kurt estava disposto a fazer isto.

Rosinha chegou, abraçou os pais e pagou pelo enterro. Olhou para o cadáver por momentos, Kurt ficou sem saber o que ela sentiu. O corpo físico que Eurico usou foi enterrado. Rosinha convidou os pais e Kurt para irem comer num bar. Alimentaram-se em silêncio, gostaram da comida.

– Conte, filha, o que está fazendo? Como está vivendo? – pediu Martina.

– Estou vivendo, mamãe; não se preocupe comigo. Não quero falar de mim e não posso, no momento, ficar com os senhores; devem retornar à pousada e permanecer lá. Agora vamos fazer algumas compras.

Ela comprou vários alimentos. Despediu-se dos três, que retornaram à pousada. O tempo estava de chuva quando chegaram.

– A casinha que moramos tem goteiras, chove dentro – contou Martina.

– Venham para a pousada – convidou Kurt. – Não faz sentido morarmos nós três aqui e vocês ficarem onde tem goteiras.

O casal aceitou e passaram a usar o quarto que fora de Vitório e Augusta, Margarida e Darcindo. Acomodaram-se. Kurt escreveu para Zacarias e Vitório contando da morte do pai. Eles responderam, e, pelas cartas, Kurt sentiu que o vínculo entre eles acabara. Vitório contou que tiveram mais um filho, e ambos contaram que o pai não era dono daquele pedaço de terra onde estava a pousada, que ele construíra a casa, morara ali, mas nunca pagara impostos, e ninguém sabia a quem pertenciam aquelas terras, pensavam não ser de ninguém. Se Kurt quisesse reivindicar a propriedade, poderia fazê-lo; eles não se interessavam. Kurt também não se interessou.

"Tudo custa caro. E por que ser dono disto aqui? A pousada Águia Dourada está deteriorada. E, se um dia aparecer o dono e nos expulsar, sairemos; se não, morreremos aqui. Quem será o dono destas terras? O proprietário das terras à direita ou à esquerda? Pertencerá a alguma mina?"

Os três moradores começaram a escutar barulhos na casa.

– É a assombração do senhor Eurico – afirmou Martina.

– Como? – Kurt não entendeu.

– O senhor Eurico morreu, não encontrou seu caminho e está por aqui. Penso que nem sabe que morreu.

Preocuparam-se e ficaram com medo.

Kurt foi surpreendido com uma carta de Augusta.

Ela contou como era sua vida e que escrevera escondida de Vitório. Informou que no começo, quando se mudaram, estranhou, mas que o irmão e a cunhada foram muito bons com eles. Que Vitório era trabalhador, bom marido, que compraram uma casa, que ela tinha conforto e filhos sadios e bonitos. Mas que nunca o esquecera e que pensava nele todos os dias. Kurt chorou muito, ele também não a esqueceu e sentia muitas saudades dela. Augusta pediu para ele escrever para Vitório e, se ele ainda a amava e sentia saudades, era para escrever que uma águia aparecera voando sobre a pousada e, se sentisse muita, mas muita, falta dela, para escrever que, do alto, a águia parecia dourada.

Kurt escreveu para Vitório contando que continuavam os três na casa e que ninguém aparecera na pousada para tomar posse daquele pedaço e que estavam bem.

"Vitório", escreveu ele, "numa tarde, o sol estava se pondo, e apareceu na pousada uma águia. Acompanhei-a com o olhar, e ela pousou na placa. Aproximei-me para vê-la, e ela voou. O sol a iluminou, e ela ficou dourada e linda, uma beleza eterna".

Foi depois de meses que Vitório respondeu contando que imaginara a cena e revivera sua infância. Escreveu que todos estavam bem.

Augusta lhe escreveu, disse que entendera o recado e que o amaria para sempre.

Kurt escreveu para os dois informando como eles estavam, depois jantaram, e ele ficou sentado numa cadeira no salão. Sentiu Eurico perto dele. Falou baixinho:

— Senhor Eurico, lembra-se de quando dona Maricota morreu? Escutávamos barulhos, pensamos que era sua esposa que não encontrara seu caminho. Margarida orou, mandou celebrar missas. Penso, senhor Eurico que a morte é algo desconhecido, não a entendemos ainda, mas deve ser algo comum, porque todos nós morremos. Margarida não deve ter se confundido, deve ter compreendido, pois ela faleceu e foi embora. Num aperto ou, ao nos sentirmos confusos, devemos pedir auxílio a Deus. Peça, senhor Eurico, a Deus, que o Pai Maior dê permissão para Margarida nos ajudar. Vamos pedir a ela? – Kurt continuou falando baixinho e orou um Pai-Nosso, uma Ave-Maria e rogou: – Margarida, se possível, nos ajude! Oriente seu pai. Que Deus nos proteja! Agradeço a Deus por tudo.

Foi dormir.

Os barulhos na casa continuaram. Passaram a ver vultos, escutar gemidos e sentir cheiros diferentes que não sabiam explicar de que seriam.

– Se tivesse para onde ir, me mudaria daqui – disse Jiló.

– Lembram? Quando dona Maricota morreu, aconteceram coisas estranhas aqui. – Martina se recordou. – Margarida pediu ajuda para uma senhora na cidade, mandou celebrar missas para a mãe, e os fenômenos pararam.

– Não temos dinheiro nem para ir à cidade. O único cavalo que temos está velho e não aguenta puxar a charrete. Não dá para pagar para mandar celebrar missas.

– Vou escrever para Rosinha e pedir a ela para mandar celebrar missas para o senhor Eurico. Você, Kurt, não pode ir à cidade? Se for andando, poderá ir e voltar no mesmo dia e entregar a carta para o homem que faz este trabalho.

– Vou – decidiu Kurt –, escreva a carta. Amanhã bem cedinho irei à cidade, vou pedir para o padre celebrar uma missa e ir atrás daquela senhora que Margarida pediu ajuda.

Kurt, nos últimos tempos, ia à cidade a pé, saía cedo, caminhava muito e voltava à noite muito cansado.

Rosinha morava numa cidade próxima. Ao pedir para o senhor enviar a carta, havia uma outra para ele, era de Augusta.

VERA LÚCIA MARINZECK DE CARVALHO ditado por ANTÔNIO CARLOS

Na missiva, dizia que o amava, pediu para queimar as cartas e afirmou que não escreveria mais, que o amor deles deveria ficar somente para eles. Era, desta vez, um bilhete. Kurt beijou a carta, a rasgou em pedacinhos e a queimou; ele havia queimado as outras, porque pensara: "Se não quero que ninguém leia ou saiba, devo me desfazer destas cartas. E se morro e alguém as acha?".

Foi à igreja. Esperou por minutos pelo padre; quando o vigário chegou, cumprimentaram-se, e Kurt pediu:

— Senhor, não tenho dinheiro para mandar celebrar missas. O senhor Eurico morreu e não teve a missa do sétimo dia. Seu espírito está inquieto e vaga pela casa. Peço ao senhor, pelo amor de Deus, que celebre uma missa para ele.

— Quem deve vagar pela casa deve ser o capeta; nós, quando morremos, somos julgados por Deus e mandados por Ele para o lugar que nos cabe ficar.

— Por que Deus não manda o capeta ficar num destes lugares? Não existe o purgatório, do qual se pode sair com rezas e missas?

O vigário não respondeu, mas concordou:

— Vou celebrar uma missa para o senhor Eurico.

Kurt agradeceu, saiu da igreja e, na rua, perguntou onde poderia encontrar a senhora benzedeira, a que ajudava as pessoas. Indicaram onde esta senhora morava, e ele foi lá; havia pessoas na sua frente esperando para ser atendidas. Enquanto esperava, ele orou. Ficou sentado na área em frente à sala, a casa era simples e limpa.

Ao ser chamado, entrou na sala, estava envergonhado, respondeu ao cumprimento, olhou tudo. Convidado a se sentar em frente a uma mesa, o fez e ficou diante de uma mulher de meia-idade.

A sala era simples, pequena, tinha como mobiliário somente uma mesa pequena, a cadeira onde a senhora estava sentada, duas cadeiras à frente e um pequeno móvel ao lado, onde em cima estava uma imagem de Nossa Senhora. A mulher sorriu para ele, tinha os dentes estragados, como a maioria das pessoas de meia-idade naquele lugar. Ela usava os cabelos presos num coque, seu olhar era bondoso, e o sorriso, agradável.

— O que está acontecendo, moço?

A mulher perguntou, e ele, falando rápido, explicou; havia três pessoas ainda para ela atender.

— Senhora, moro na Águia Dourada, o senhor Eurico faleceu, era o dono, penso que ele ficou lá na casa. Com a dona Maricota ocorreu isto também; na época, Margarida veio buscar auxílio aqui. Deu certo. Margarida também morreu, mas ela, penso, não ficou vagando. Temos visto, escutado, eu e os outros dois empregados, o antigo dono pela casa. Penso que ele não tem sossego.

— A morte, para muitas pessoas — explicou a mulher —, é algo surpreendente, não esperado; quando acontece com elas, não sabem o que fazer, muitas ficam nos lugares em que viveram com o corpo carnal e, de fato, não têm sossego. Vamos nos reunir esta noite, meus companheiros de trabalho e eu: iremos chamá-lo, explicaremos ao senhor Eurico o que aconteceu com ele e vamos oferecer a possibilidade de levá-lo para um local onde vão os mortos do corpo físico.

— Agradeço-a muito.

— Você tem muitas dores no braço, não é? — perguntou a senhora olhando para Kurt.

— Ele dói, sim; às vezes muito.

— Vou lhe dar um emplastro, está numa lata, passe onde dói à noite ao se deitar e terá suas dores amenizadas. Temos almoço, venha almoçar, você está com fome.

Vendo que Kurt se surpreendera, a mulher explicou:

— Sei das coisas, sei sim. Você irá almoçar e depois irá embora andando. Francisca! — chamou. Uma mocinha entrou na sala, cumprimentou Kurt e recebeu a ordem da senhora. — Francisca, leve o moço para a cozinha, ele irá almoçar; depois dê roupas para ele e para a mulher e o homem que moram com ele. Se tiver sobras da comida, dê a ele para levar.

— Obrigado, senhora! Deus lhe pague! — Kurt estava realmente agradecido.

— Que Deus nos proteja! Vá agora!

Enquanto se alimentava, comida gostosa que há tempos não comia, Kurt se emocionou:

"Sou um mendigo! A senhora me deu comida, me dará roupas. Esmola? É, com certeza. Não devo ser orgulhoso, preciso mesmo. Devo ser grato."

Francisca o fez repetir, e ele comeu tudo. Depois encheu a garrafa dele de água, colocou comida numa lata e o levou para um cômodo onde havia roupas.

— Estas ficam boas em você. Como é o homem? E a mulher?

Kurt falou, e Francisca colocou as roupas que separara num saco. Contente, ele agradeceu e foi embora se sentindo aliviado.

Chegou na pousada, Martina havia feito uma sopa de batata, completaram com a comida que ganhara e se alegraram com as roupas.

— Agasalhos! Teremos o inverno mais quente! — exclamou Martina.

Não escutaram mais barulhos, não sentiram mais a presença do ex-dono da casa.

— Deve ser a missa do padre. Rosinha também deve ter mandado rezar uma — afirmou Jiló.

— Que nada! — opinou Martina. — Foi aquela senhora! Mortos que vagam, para entender, é preciso falar com eles, explicar o que aconteceu. Porém, para isto, é necessário saber. Aquela senhora sabe e foi ela que nos ajudou, e o senhor Eurico foi embora. Que ajuda importante!

– Que bom que estamos agora somente nós três aqui! – exclamou Kurt.

8º CAPÍTULO

A MINHA MUDANÇA

Kurt sentiu vontade de voltar à casa da senhora benzedeira para agradecer e também para receber doações, aquelas roupas foram muito úteis. Mas não foi.

– O vizinho – contou Martina enquanto eles almoçavam – disse que vem aqui hoje à tarde para conversar com você. A empregada dele, da casa do senhor Antônio, veio aqui pela manhã, disse que estava passando pela estrada, mas com certeza veio sondar. Pelo que entendi, o senhor Antônio quer plantar nas terras que ele acredita que são suas ou da família. Pensei bem e acho que você não deve falar que não tem os documentos. Ele pode se apossar deste pedaço de terra.

– Tem razão, Martina, seu conselho é sensato – concordou Kurt.

— Foi a Margarida! — Jiló entrou na conversa. — Martina não gosta de falar sobre isto, mas ela via a dona Maricota, depois o senhor Eurico, às vezes vê o espírito de um homem que diz ter se chamado Benedito e também vê a Margarida. Conte, Martina, para Kurt o que viu e escutou de Margarida.

— Bem... não gosto de falar deste assunto para as pessoas para não me chamarem de louca. Às vezes vejo defuntos. É agradável ver os bons, triste ver os que sofrem, e sinto muito medo quando vejo um espírito mau. Este Benedito é um espírito bom, não sei por que ele vem aqui, isto não ocorre sempre, é somente de vez em quando, penso que ele tenta nos ajudar. Margarida vem raramente. Hoje, pela manhã, a vi, está linda e sorridente; bondosa, ela me transmitiu: "Martina, diga a Kurt para ele não falar que não tem os documentos da pousada. Diga que a propriedade é de Zacarias e Vitório". Ela sorriu e sumiu. Logo depois vi a empregada da casa do senhor Antônio. Se ele vier aqui mesmo, escute o que ele quer, decida, mas não fale que não tem tais documentos.

— A escritura da casa e das terras em volta dela! — exclamou Kurt.

À tarde, Antônio foi visitá-los de charrete nova, com um bonito cavalo. Os três moradores da pousada o receberam no salão. Pelo olhar do visitante, entenderam que Antônio notara a decadência.

— Kurt — disse a visita —, se você me der permissão, gostaria de plantar no pedaço de terra que faz divisa com as minhas. Ela está ociosa. Você permite?

— Tudo bem, senhor Antônio — respondeu Kurt. — Vitório e Zacarias me deram autorização para fazer o que quiser aqui. Só não posso vender, é claro — sorriu. — Pode plantar!

— Porém não posso pagar pelo arrendamento. Você aceitaria alimentos?

— Aceito!

Combinaram os detalhes: das terras que ele usaria e dos alimentos que receberiam. Despediram-se contentes com a negociação.

No outro dia, um empregado do senhor Antônio foi levar vários itens de alimentos. A vida dos três melhorou; Kurt, no jantar, exclamou comovido:

— Vamos agradecer Margarida por ter nos avisado. Penso que, se o senhor Antônio souber que estas terras não têm dono, dará um jeito de se apossar delas e, sendo proprietário, poderia nos expulsar daqui. Pelo menos temos um teto e não passaremos mais fome.

Numa tarde, Rosinha chegou na pousada com um homem. Jiló e Martina ficaram contentíssimos. Rosinha já não estava mais tão bonita, o homem que a acompanhava era idoso. Foram de charrete. Kurt cuidou do animal, deu a ele verduras e um pouco de milho, alimento das galinhas. Martina arrumou o quarto para eles. Rosinha disse que ficariam por três dias. Levou muitos presentes para os pais, roupas e alimentos. Havia ainda na pousada algumas garrafas de bebidas que eram servidas para os hóspedes. Como nenhum morador bebia, elas ficaram guardadas; os dois beberam, e Rosinha avisou que ia levar as outras. A estadia foi agradável, teve conversas na casa, era bom escutar as risadas de Rosinha, e a presença da filha alegrou o casal. Quando ela se despediu para ir embora, Kurt a viu dar dinheiro para a mãe.

Sentiram pelo casal ir embora. Os três na casa conversavam pouco, não tinham assunto. Tratando do cavalo com milho, tiveram de pegar bichinhos para dar para as galinhas e algumas verduras.

A vida na pousada se tornou mais monótona ainda, os três dividiam as tarefas de limpar a casa, carpir ao redor e cuidar da horta, que agora era pequena, e das galinhas. Antônio, de fato, cumpriu o que prometera: de quinze em quinze dias, mandava alimentos.

Kurt, numa manhã, acordou assustado com os gritos de Jiló. Correu para ver o que acontecera. Martina havia falecido de madrugada, enquanto dormia.

– Meu Deus! Martina morreu! – exclamava repetindo Jiló. – O que vamos fazer?

– Troque a roupa dela, Jiló – decidiu Kurt. – Ponha a melhor roupa, faça isto enquanto o corpo não endurece. Vou à casa do senhor Antônio pedir uma charrete emprestada. Nós dois a levaremos à cidade. Mas antes temos de tratar das galinhas. Faremos o café, tomaremos e depois iremos à cidade.

– Como faremos para enterrá-la? – Jiló se preocupou.

– Jiló, quando Rosinha foi embora, a vi dando dinheiro para Martina. Você sabia disto?

– Não! Minha mulher não me contou.

– Penso que Martina guardava para uma emergência. Vamos procurar. Começamos pelo quarto. Com este dinheiro poderemos pagar a bênção do corpo na igreja, comprar o caixão e enterrá-la.

– Onde será que ela guardou este dinheiro? – Jiló queria saber. – Você tem certeza mesmo de que minha filha deu algo para a mãe quando foi embora?

– Tenho. Vamos procurar. Tomara que esteja aqui no quarto. Se ela escondeu em outro cômodo da casa, vamos ter dificuldades para encontrar.

– Deus! – rogou Jiló. – Ajude-me! Queria pagar um garoto mensageiro para avisar Rosinha do falecimento da mãe. Queria enterrá-la como merece e pagar pela bênção do padre.

Já tinha aberto as gavetas, as revirado e, ao rogar por ajuda, se voltou para uma imagem de um santo que estava em cima de uma cômoda. Kurt se voltou também e, sem querer, bateu o braço na imagem, que quase caiu. Jiló foi esperto e a pegou. Mas, ao pegar a imagem do santo, viu que esta tinha uma abertura no fundo e lá estava o dinheiro.

— Nossa, Kurt! Como Deus me escutou! Martina guardou o dinheiro no fundo da imagem. Não iríamos encontrar se Deus não nos ajudasse. Ele entendeu nossas necessidades. Obrigado, santo! Deus lhe pague, Deus!

"Deus pagar para Ele mesmo! O fato é que foi muito bom encontrar este dinheiro."

O vizinho emprestou a charrete. Kurt ajudou a pentear os cabelos de Martina e a ajeitá-la. Enrolaram-na num lençol, a colocaram deitada atrás na charrete e, tristes, calados, foram para a cidade. Ao passarem na frente da estrada que ia para a casa do senhor Antônio, três empregadas, que eram amigas dela, estavam lá para cumprimentar Jiló e orar pela defunta.

Na cidade, primeiro Jiló procurou um mensageiro; Kurt escreveu um bilhete para Rosinha informando do falecimento de sua mãe. Compraram o caixão, foram à igreja, pagaram pela bênção e, depois, dirigiram-se ao cemitério; Jiló pagou pelo enterro. Não havia local no cemitério para alguém ser velado. Jiló, querendo esperar pela filha, decidiu esperar ali; colocaram o caixão no chão, na entrada, e, cansados, sentaram-se no chão ao lado. Foi então que Jiló chorou; de fato, ele sentia a separação da companheira de tantos anos. Feito o que deveria fazer e esperando pela filha, extravasou seus sentimentos. Kurt tentou consolá-lo, mas também sentia o falecimento de Martina, que há muitos anos conhecia e que ultimamente era amiga e companheira.

"Está difícil ficar aqui, vou esperar mais um pouco; se Rosinha não chegar, pedirei para Jiló enterrá-la", pensou Kurt.

Depois de esperarem por duas horas, Rosinha chegou, estava com o rosto inchado de chorar; abraçou o pai, chorou alto e abraçou o cadáver da mãe. Kurt observou-a, Rosinha estava envelhecida, feia, com roupas simples.

— Vamos agora enterrá-la — decidiu Kurt. — O coveiro já avisou que não faz este trabalho depois das dezessete horas.

Os três e o coveiro pegaram o caixão e o levaram até a cova; calados, tristes, enterraram o corpo sem vida de Martina.

Saíram do cemitério.

— Vim — contou Rosinha — o mais rápido que consegui. Peguei esta charrete de aluguel. Tenho de voltar logo.

— Peguei, para as despesas do enterro — contou Jiló —, o dinheiro que você deu para sua mãe. Obrigado, filha!

Rosinha abraçou o pai.

— Papai, eu me separei daquele senhor, agora moro numa casa com outras moças.

— Cuide-se, filha!

Kurt sentiu que Rosinha não estava bem, a mocidade passara e, na profissão que escolhera, a beleza era fundamental, assim como a juventude. Sentiu dó dela.

— E seu braço? Como está, Kurt? — Rosinha quis saber.

— Doendo — respondeu ele.

— Você o tem assim por minha causa. O que teria acontecido se dona Maricota tivesse me atingido com aquele facão? Teria morrido? Ficado muito ferida? Deformada? Como saber? Não é estranho pensar no que poderia ter acontecido? Envolvi-me com um homem casado, velho, por quê? Falta de juízo, como dizia mamãe. Ia ser ferida e você me salvou, embora tenha afirmado que o fez pela dona Maricota. Feriu-se e você não tinha nada a ver com o fato. E é você quem sente dores. Quanto mais pensamos neste fato, menos o entendemos. E se você não tivesse segurado o braço da senhora, o que poderia ter ocorrido comigo? Como os acontecimentos mudam num segundo! Penso que, se tivesse ficado com uma cicatriz grande no rosto, como a dona da pousada queria, minha vida teria sido diferente, e pergunto: Teria sido melhor ou pior? Não temos como saber. O fato é que nunca o agradeci. Obrigada, Kurt!

Despediu-se, ela tinha realmente de voltar rápido.

Ele escutou atento o que Rosinha falara e pensou:

"De fato, não temos como saber. Se eu não tivesse entrado no meio das duas, teria meu braço sadio. Estaria aqui ou não? Como teria sido minha vida se tivesse ido embora? Isto não importa mais. Aconteceu e não tem como mudar o ocorrido. Talvez tenha tido uma razão para ter ficado com o braço assim. Se eu soubesse, naquele momento em que entrei entre as duas, que ficaria assim, teria ou não tentado segurar o braço de dona Maricota? Como é difícil saber. Por isso que o 'se' é complicado. Não quero mais pensar nisto. O importante é que Rosinha me agradeceu e senti ser de coração."

— Kurt — disse Jiló —, tenho ainda uns trocados, vamos gastá-lo comprando doces; Martina, não os fazendo mais, sentirei falta deles. Depois iremos embora.

Voltaram calados. Deixaram a charrete na casa do vizinho, agradeceram e, caminhando, foram para a casa.

Fizeram o jantar, este era o serviço de Martina. Dividiram as tarefas entre os dois e resolveram diminuir os trabalhos externos.

O serviço aumentou, e o braço de Kurt, por mais esforços, doía mais.

Ao saberem que algumas famílias instaladas na periferia da cidade passavam por necessidades, Jiló e Kurt decidiram dar alguns móveis e colchões para eles. Foram à cidade, ofereceram, e eles foram buscar. Os dois ficaram contentes por ter ajudado. Isto sempre acontece: quando damos, somos os primeiros a receber. Alegria é um bem precioso.

— O que não usamos, outros usam! — exclamou Jiló.

Ele também doou as roupas de Martina.

Jiló realmente sentiu a falta da companheira de anos; chorava, e Kurt o consolava.

— Martina não virou alma penada. Como Margarida, ela logo encontrou seu caminho. Isto me consola! — exclamava sempre Jiló.

"De fato", pensava Kurt, "não escutamos barulhos nem sentimos Martina por aqui. Ainda bem!"

O senhor Antônio mandou um empregado dele levar um pacote para Kurt. O moço explicou:

— Este pacote estava no correio há duas semanas. Ontem meu patrão foi à cidade pegar as correspondências dele, e o homem do correio pediu para ele trazer isto para você.

Era de Zacarias; ele mandara um livro e, dentro, dinheiro. Kurt não enxergava mais para ler, sentiu por não ler o livro. Escreveu uma carta agradecendo Zacarias. Sentiu vontade de escrever também para Vitório, mas como Augusta pediu para não escrever mais, para guardar aquele amor que sentiam no coração, ele não escreveu.

Pensava muito em Augusta, às vezes parecia senti-la ali com ele. Tentava imaginar como estaria; teria, com certeza, envelhecido, mas, para ele, Augusta seria sempre bonita, porque ele a amava. Aquele amor era segredo e deveria continuar assim.

Ele pensou no que deveria fazer com o dinheiro.

"Se Martina não tivesse guardado aquele dinheiro, não teríamos como comprar o caixão, ter a bênção e enterrá-la. Não estou me sentindo bem, devo estar doente. Se eu morrer, como será?"

Foi à cidade. Como fazia, levantou-se cedo. No dia anterior, Jiló ditara para ele escrever uma carta para a filha, dando notícias e pedindo para ela vir visitá-lo ou escrever. Na cidade, depois de colocar as cartas no correio, foi à funerária, comprou dois caixões e pagou para entregá-los. Como iriam logo entregá-los, ele ia voltar com eles. Foi rápido ao cemitério e deixou pago um lugar para enterrá-lo.

— Então, estamos combinados, não tenho data para morrer. Mas, quando isto ocorrer, serei trazido para cá, e é somente me enterrar.

Pegou o certificado de compra. Foi comprar doces para Jiló, voltou à funerária e retornou à pousada. Quase matou Jiló de susto.

Explicou o que fizera.

— Não quero nem ver esses objetos! — Jiló realmente estava indignado. — Você está me agourando? Não quero morrer.

— Vou guardar estes caixões num dos quartos e deixá-los lá. Sabemos que, se um de nós morrer, é só colocar dentro de um, pedir emprestado a charrete e levar para o cemitério.

Jiló se aborreceu, mas concordou.

Kurt escreveu duas cartas parecidas, uma para Vitório, outra para Zacarias. Contando que não se sentia bem e que Jiló não sabia escrever, estava escrevendo pela última vez; fechou as cartas e, quando eles recebessem, era porque ele havia falecido. Agradeceu-lhes.

Deixou-as numa gaveta e recomendou muitas vezes para Jiló que teria que levá-las ao correio quando ele morresse.

— E se eu morrer primeiro? — Jiló quis saber.

— Aí eu as levo para o senhor Antônio e peço a ele para me fazer este favor.

O senhor Antônio plantava cada vez mais nas terras que julgava ser de Vitório e Zacarias, mas dava alimentos para os dois.

Rosinha escreveu para o pai, o empregado do vizinho levara a carta. Ela contou que a vida estava difícil e que não poderia ajudá-lo.

Elias parou de se recordar, olhou pelo salão ou pelo que sobrava dele. Pegou a garrafa d'água e bebeu, deixando somente um restinho.

— Vou morrer de sede e fome! Tenho de sair!

Ia se esforçar para levantar, mas escutou:

— *Ainda não! Logo sairá! Termine de se lembrar!*

O sol clareava, seus raios entravam pelas frestas.

Recordou-se de que se sentira mal ao subir as escadas, caíra e rolara pelos degraus.

— Kurt! Kurt! — Jiló gritou.

Escutou, mas não conseguiu responder nem se mexer. Sentiu, mais do que viu, Jiló se aproximar e resmungar. Ele o viu pegar um espelho e colocar à frente de seu nariz, como ele havia feito tempos atrás com Maricota.

— Não respira! Por Deus, Kurt, não se vá! Não me deixe sozinho! Por Deus! — Jiló chorou alto.

VERA LÚCIA MARINZECK DE CARVALHO ditado por ANTÔNIO CARLOS

Kurt estava ali como se fosse ele e ao mesmo tempo não. Imagens de sua infância, adolescência, passaram rapidamente por sua mente, e de Augusta, seu grande e único amor.

– Pense! – Kurt escutava Jiló. – Preciso pensar! Não deveria ser eu a morrer primeiro? Sou mais velho. O que faço agora? Calma! Preciso ficar calmo. Chorar não adianta. Preciso trocar as roupas dele. Vou escolher a melhor que ele tem. Farei isto aqui no salão, não consigo carregar o corpo para o quarto. Depois irei à casa do senhor Antônio pedir ajuda, que alguém venha me ajudar a colocar o corpo dele no caixão e o levar para o cemitério.

Chorando, Jiló fez o que planejara e, quando saiu, Kurt ficou sozinho, parecia que ora estava ali em pé, ora junto ao corpo que esfriava.

"Será que morrer é assim? O que sou agora? Alma penada? Espírito? Não quero ser fantasma! É muito estranho ser dois. Embora sinta mesmo ser este que pensa. Sendo assim, sou este. O outro não é mais nada. Carne morta! Mas era o meu corpo! Sou dois ou não? Sinto que sou este aqui, mas e aquele ali? Por isso que as pessoas têm medo de morrer, é muito confuso. Ou sou eu que estou confuso? Não consigo sair de perto do outro, do meu corpo, porém sinto que este outro é meu corpo. Como estou confuso!"

Jiló voltou com os dois empregados do senhor Antônio; os três pegaram o caixão, colocaram o corpo físico sem vida de Kurt e o levaram para a charrete.

– Vou fechar a casa e iremos – ele escutou Jiló falar.

Kurt quis lembrá-lo de pegar o documento do cemitério.

– O papel do cemitério! Ainda bem que lembrei! Tenho de levá-lo.

Sentiu a charrete andar e ouviu Jiló contar o que acontecera para os dois que o acompanhavam. Escutava e queria dar sua opinião, contar sua versão, mas não conseguiu. Eles fecharam o caixão, e ele, sem entender como e por que, estava em cima do caixão; quando olhou, embora estivesse o caixão fechado, se via lá dentro.

"Deus me livre de morrer! Que coisa estranha!"

Foram direto para o cemitério. Kurt ficou com eles, que esperavam o coveiro preparar o local.

— *Kurt, meu irmão!* — escutou.

Esforçou-se para ver quem falava, viu Margarida com um homem.

— Era você! Benedito! — Elias exclamou.

Assustou-se com sua própria voz. Abriu bem os olhos e viu o vulto.

— Era você, não era, Benedito?

— *Sim, era eu. Vim com Margarida para ajudá-lo. Ela não queria que você, espírito, fosse enterrado junto com o corpo físico morto.*

Elias fechou os olhos, e as cenas vividas por ele vieram à mente.

— *Se está em dificuldades, por que não ora? Peça a Deus ajuda* — Margarida disse carinhosamente.

Kurt escutou e pensou:

"Não tenho costume de orar. Sei rezar. Será que pedir quando em dificuldade é correto? Deveria ter orado mais, ter sido mais religioso."

Recordou-se de Augusta.

"Este foi meu pecado. Cobicei a mulher alheia. Por isso sinto vergonha de orar."

— *E o bem que fez? Isso conta Kurt. Pense nisso* — sentiu Margarida querendo ajudá-lo.

Vieram lembranças de atos bons que fizera. Porém os viu com indiferença. Sentia mesmo era por ter traído Vitório, cedido àquele amor incontrolável. Tentou seguir o conselho e orar. Rezou as orações que sabia de cor, depois pediu perdão a Deus e rogou por ajuda, mas não sabia o que queria e que ajuda precisava.

— *Venha! Saia de perto do corpo que usou e que agora está morto!* — Margarida lhe estendeu as mãos.

Ele as pegou e segurou forte, levantou-se e se sentiu diferente.

Continuando sem entender, viu o caixão ser colocado no buraco e o coveiro jogar terra. Também viu Jiló chorar e pedir para um dos empregados do senhor Antônio:

— Por favor, preciso conversar com uma pessoa, é rápido. Vocês me esperam?

— Tudo bem, vamos ao bar tomar uma bebida.

Kurt já não sentia ser dois, estava de fato separado do seu corpo carnal. Não viu mais os dois espíritos e continuou sem saber o que fazer.

"Como morrer é estranho! Engraçado, é como se não fosse comigo. Com certeza estou morto mesmo. Não estou sonhando. Caí da escada e morri ou morri e rolei? Tanto faz! O fato é que me sinto vivo, só que ninguém me vê, aqueles dois espíritos me viram. Vou atrás de Jiló. Penso que é o que tenho de fazer."

Andando o mais rápido que conseguiu, Jiló foi a uma casa, uma senhora o atendeu, escutou-o, e Kurt prestou atenção na conversa deles. Entendeu que aquela mulher ajudava idosos a irem para um asilo de uma cidade vizinha. Jiló, envergonhado, explicou sua situação. A senhora prometeu ajudá-lo e que iria buscá-lo na sexta-feira da semana seguinte e que o levaria para o asilo.

Os três foram embora, ele sentou-se no fundo da charrete, resolveu ir também. Voltaram calados. Ao passar pela periferia, viram três famílias com várias crianças morando em barracos. Kurt notou que Jiló prestou muita atenção.

Chegaram à frente da estrada que ia para a casa do senhor Antônio, Jiló desceu, agradeceu, se despediu, foi caminhando para a pousada, e Kurt, junto. Desanimado, cansado, Jiló alimentou as galinhas e fez algo para comer.

Kurt resolveu ficar na casa, o fato é que não sabia o que fazer. Entrou no seu quarto, deitou-se, descansou, ouviu um barulho e foi ao salão. Jiló estava reclamando em voz alta:

— Não posso ficar aqui sozinho! Irei para o asilo que fica na cidade que Rosinha mora. Talvez ela me visite. Morarei com outras pessoas. É o melhor. Martina sabia desta senhora, ela foi até conversar com ela, mas naquela época eu não quis ir. Gostava do Kurt, nós dois estávamos bem aqui. Agora não tem por que ficar aqui sozinho. Talvez o senhor Antônio não me dê alimentos. Vou me arrumar para ir embora.

Foi ao quarto de Kurt, viu o que ele tinha e resolveu deixar como estava. Kurt deu graças a Deus por não ter deixado nada que o comprometeria.

"É estranho ver pessoas mexerem em objetos que são ou foram nossos. Não é nada bom. Se eu não tivesse queimado as cartas de Augusta, Jiló as encontraria e, se ficasse curioso, como não sabe ler, poderia pedir para outro ler para ele e ficaria sabendo do meu segredo. É, devemos estar sempre preparados para morrer."

Jiló decidiu levar para o asilo somente seus pertences, suas roupas melhores.

Dois dias depois, um empregado do senhor Antônio foi à pousada.

— Jiló, sei que você tem outro caixão aqui. A mulher do Tomé morreu. Ele é empregado há pouco tempo, faz somente dois meses que está trabalhando. Nosso patrão deu dinheiro para enterrá-la, emprestará a charrete, mas não temos o caixão.

— Pode levá-lo, dou para Tomé enterrar a esposa.

Jiló deu o caixão. Kurt concordou:

"Comprei para ele, então é dele."

— Não ia levá-lo para o asilo, lá eles enterram seus mortos — concluiu Jiló.

Jiló pensou muito no que deveria fazer e decidiu, depois de muito pensar: "Aqui não é de ninguém. O que não usamos, que outros usem".

A senhora foi de charrete buscá-lo no dia combinado. Jiló pediu para ela parar onde aquelas famílias estavam acampadas. Quando parou, Jiló, falando em tom alto, pediu para se reunirem.

— Estou deixando a casa que morei por anos; faço isto depois de ficar sozinho, todos morreram. Fica aqui perto; para ir lá, é só seguir por esta estrada. É uma casa grande, que na frente tem uma pedra em que está escrito Águia Dourada. A porta está aberta. Vão lá; se quiserem ficar, terão abrigo neste inverno que se aproxima. A casa é grande, tem muitos cômodos, quartos com camas, tem uma boa cozinha e água à vontade. Há uma pequena horta e umas galinhas. Se quiserem ficar lá, podem; se não, peguem tudo o que quiserem para vocês.

A senhora confirmou, e os dois continuaram a viagem. Jiló pediu para pararem no correio, colocou as duas cartas que Kurt escrevera e partiram para o asilo.

Kurt viu dois homens do acampamento irem à pousada verificar se aquele homem falara a verdade; contentes, voltaram, e todos foram para lá.

O recém-desencarnado não compreendia: se pensava na pousada, sentia estar lá; se pensava no Jiló, sentia estar perto dele. Sem entender, fazendo automaticamente, Kurt volitava, ia de um lugar a outro. Mas também, ainda ligado à matéria, a Jiló e ao local em que vivera encarnado, ao pensar, lembrar, sentia, via o que acontecia na casa e com o amigo.

O grupo de desabrigados se acomodou na pousada, comeu as galinhas, acabou com a horta, não queriam trabalhar, optaram por desfrutar. Longe da cidade, eles não recebiam esmolas, então começaram a roubar das plantações dos vizinhos e mais ainda do senhor Antônio.

Kurt entrou no quarto que usara, ficava lá e dormia muito. Estava infeliz e incomodado.

Depois de dois meses que o grupo estava na pousada, eles deixaram a casa: estavam brigando entre si e sendo ameaçados pelos vizinhos. Levaram tudo o que quiseram, algumas portas, janelas, móveis, depredaram a casa que já estava decadente.

Kurt sentiu Jiló no asilo, ele estava gostando; lá não precisava trabalhar, estava tomando remédios que melhoravam suas dores. Ele, assim que chegou, avisou a filha. Rosinha estava envelhecida e doente, trabalhava como doméstica numa casa de prostituição. Ao visitar o pai, gostou do lugar e pediu abrigo; aceitaram, e ela então ficou perto do pai. Jiló estava tranquilo e alegre.

Ele também sentiu Zacarias e Vitório receberem as cartas, os dois já estavam velhos, não se abalaram com a notícia; sentiu Augusta chorar.

– *E agora? O que faço? Vou para o asilo com Jiló ou fico na casa sozinho?* – optou por ficar.

Na pousada, agora sozinho, triste, começou a se perturbar; já não sabia mais se estava encarnado ou não. Sofria.

– *Chega, Kurt!* – Benedito foi autoritário.

Kurt viu que aquele espírito queria ajudá-lo. Olhou-o, naquele momento queria mesmo auxílio. Escutou-o com atenção:

– *Venha conosco de uma vez!*

– *Ai, meu Deus! Socorra-me, Virgem Maria! Preciso de ajuda!* – desta vez ele rogou com fé, queria realmente o auxílio.

Benedito o abraçou, e ele se aconchegou em seus braços.

– *Entenda que nascer e morrer, para nós, espíritos, assemelha-se ao subir e descer das ondas do oceano. O mar não aumenta nem diminui com o nosso nascimento ou com nosso falecimento. São apenas ondas, grandes ou pequenas: surgem, descem, nascem e morrem; assim é a vida. Se para o oceano isto é normal, deveria ser para nós. Deve ser para você!*

Kurt adormeceu nos braços do seu benfeitor. Foi para um local que lembrou somente ser bonito e agradável. Sentiu-se em paz...

Elias abriu os olhos e viu Benedito.

9º CAPÍTULO

UMA OUTRA EXISTÊNCIA

— Acabou, não é? Posso ir embora? — Elias olhou e não viu mais o espírito de Benedito, porém o sentiu e escutou:
— *Você, caro Elias, não sente curiosidade para saber o porquê de tantos acontecimentos ocorridos nesta sua reencarnação anterior? O porquê de ter sido abandonado? Sua mãe não morreu como lhe contaram, ela foi embora e o deixou sem sequer se preocupar se alguém iria criá-lo. Por que ficou com o braço deficiente? Poderia ter se ferido e não ficado com sequelas. Por que Margarida tinha deficiência física, sentiu tantas dores, o amou e desencarnou no parto? Para tudo há respostas!*
— Não sei se quero saber — Elias falou em tom baixo. — São muitos porquês? Saber de uma existência anterior não basta? Você falou "desencarnou". O que é isto?
— *Somos espíritos que às vezes estamos vestidos do corpo físico, então estamos encarnados, na carne; quando o corpo físico para,*

pelo término das funções vitais, ele morre, então estamos vivos sem ele, estamos desencarnados, vivendo sem o corpo carnal. Entendeu?

— Sim, entendi. Lembrei que vivi um período desencarnado. Embora as lembranças sejam poucas. Já tive muitas idas e vindas, então?

— Sim, muitas. Vou lhe contar como viveu antes de se chamar Custódio. Reencarnou numa família estruturada, numa cidade, para a época, de porte médio. No país havia escravos, mas isto para você era indiferente, porque era branco e sua família não os tinha. Por não prestar atenção neste fato, lhe era indiferente. Os poucos escravos que conhecera, até então, viviam como empregados na cidade.

Benedito fez uma pausa, olhou para Elias, que prestava atenção, e voltou a falar cadenciado:

— Você, desde mocinho, trabalhava como ferreiro com seu pai e dois irmãos. Namorou e se casou com Margarida, com uma moça que depois retornou à carne e foi a Margarida que conheceu. Tiveram outros nomes, como já tivemos muitos e com certeza teremos mais outros tantos. Se você, ao me escutar, se lembrar dos nomes, tudo bem, mas vamos à narrativa de suas vivências anteriores à que teve no período em que viveu na pousada. Tiveram três filhos. Seu pai desencarnou, sua mãe já tinha também desencarnado. Você e seus irmãos começaram a brigar pelo local em que trabalhavam.

Benedito ia contando e Elias escutava; aí começou a ver algumas cenas. Viu como ele fora nesta época: era jovem, louro, olhos claros, cabelos lisos nos ombros, era forte e bonito.

— Seu trabalho era braçal, trabalhava com ferro, fazendo rodas, facas, ferraduras e tanto consertava como colocava ferraduras nos cavalos. Com as brigas, você ficou insatisfeito com a vida, e isto incluía a esposa e filhos.

VERA LÚCIA MARINZECK DE CARVALHO ditado por ANTÔNIO CARLOS

Ali, sentado naquela cadeira, no salão em ruínas, sentiu a insatisfação que tivera naquele momento como ferreiro. Parecia que nada estava bom, sentia-se infeliz. A esposa fazia de tudo para agradá-lo, e ele agia com indiferença, não a amava; o entusiasmo do namoro, do noivado e dos primeiros anos de casados havia passado. Elias não gostou do que sentiu, era um vazio que nesta encarnação atual sentia sempre.

Benedito fez uma pausa para Elias se lembrar e voltou a contar:

— *Foi então que conheceu uma moça muito bonita!*

— Ela foi depois Augusta! Sinto que foi. O espírito é o mesmo — Elias suspirou emocionado. — Amei-a assim que a vi.

Os dois ficaram calados por segundos. Passada a emoção de Elias, Benedito falou:

— *Ela entrou no galpão e pediu para você consertar a roda da carruagem dela.*

Esta lembrança veio forte à mente de Elias. Uma moça linda e perfumada, que o olhou e fez com que se sentisse encabulado por estar sujo e despenteado. A jovem pareceu não se importar: fitou-o e sorriu. Elias sentiu seu coração bater forte e prestou atenção ao que Benedito falava:

— *Com certeza ela sabia que encantava a todos. Enquanto você consertava a roda, ficaram conversando, parecia que se conheciam há tempos. Bastou este encontro para ficarem apaixonados.*

Elias se lembrou que, depois de vê-la, passou a pensar nela o tempo todo. Ela era linda: cabelos longos, negros como os olhos; lábios carnudos; sorriso encantador; altura mediana; magra; e muito perfumada.

— *No outro dia* — Benedito contou —, *ela voltou e lhe fez uma proposta: "Quer trabalhar para mim? Moro longe daqui, estou de passagem, vim resolver um problema. Resolvi-o e irei embora daqui a três dias. Preciso de um bom ferreiro e gostei do seu trabalho. Venha comigo! Mas sozinho. Para o local onde irá trabalhar, é complicado ter família. Receberá um bom salário. Quer pensar até a noite? Venha conversar comigo na Pousada Estrela, onde estou hospedada."*

Elias se lembrou que, ao escutá-la, sentiu seu coração disparar, como também sentiu, naquele momento sentado, inerte, na cadeira pregada. Benedito falava, e Elias passou a ver muitos dos acontecimentos. Não os via como vira ou sentira o que acontecera a Kurt, em que os lances eram mais marcantes. Parecia, ao escutar, estar mais indiferente, embora tivesse a certeza de que tudo o que escutava e os lances que vinham à mente serem verdadeiros.

— *Foi para sua casa mais cedo, tomou banho, colocou sua melhor roupa, disse para a sua esposa que ia ver uma oferta de emprego e foi para a pousada. Ela o recebeu no seu quarto e, em vez de conversar, tiveram relações sexuais. Você chegou à sua casa no outro dia pela manhã, não deu explicações, dormiu um pouco, foi à tarde para o galpão e escutou bronca dos irmãos. Naquele momento decidiu ir embora. À tarde você voltou à pousada para conversar com a moça, estavam já muito envolvidos.*

Elias olhou para Benedito, suspirou, estava emocionado e com os olhos marejados de lágrimas. Exclamou:

— Amei-a! E ela me amou! Amores de muitas vidas?

Benedito não respondeu e continuou contando:

-- *Decidiu ir embora com ela. Ficou na pousada sem se importar com ninguém: nem com a sociedade nem com os irmãos, dos quais, naquele momento, estava com raiva por estarem brigando. Porém sua esposa era uma pessoa boa, e os filhos eram pequenos, o caçula tinha onze meses. Para sua esposa você devia explicações. O que fez Elias? Lembra-se?*

Elias não respondeu, e Benedito continuou a contar:

VERA LÚCIA MARINZECK DE CARVALHO ditado por ANTÔNIO CARLOS

— *No outro dia, você foi ao galpão, falou para os irmãos que ia embora deixando tudo para eles e pediu que, se possível, cuidassem de seus filhos. "Você não vai levar a família?", perguntou um dos seus irmãos; eles se assustaram com a notícia. "Não, irei sozinho", respondeu. "Você está louco?" Para não discutir, você saiu e, andando depressa, foi para sua casa. Sua esposa estava preocupada e não sabia o que fazer nem como agir com você, que falou rápido para não perder a coragem: "Vou embora, estou saindo de casa, vou para longe". "O quê?", ela não entendeu. "Do que você está falando?" "Estou partindo, largando você. Cuide das crianças." "Por favor", ela pediu. "Por quê? Como cuidar das crianças? Amo você! É pai! Não nos abandone!", ela chorou. Para não vê-la chorar, você pegou rapidamente umas roupas e as colocou num saco. Como sua esposa o segurou, você a empurrou, e ela caiu na cama. Com a confusão, as três crianças choraram. Você saiu, não se despediu dos filhos, não deu melhores explicações, não se incomodou com o choro dos filhos.*

— Como eu pude fazer isto?! — Elias se indignou.

Essa cena veio nítida à sua mente.

— Éramos tão diferentes. Tivemos fisionomias diferentes. Nestas três reencarnações tive físicos nada parecidos.

— *Isto acontece* — respondeu Benedito. — *O corpo físico recebe a herança genética.*

Elias pensou que era difícil comparar as duas mulheres. Sua esposa era simples; embora não fosse feia, não era atraente. Lembrou-se da casa simples em que moravam, as crianças vestidas modestamente. O choro delas o incomodou.

— Não quero mais me lembrar. Por favor! — rogou.

— *Por que não? Agora, no presente, você não tem três filhos? Irá repetir o que já fez?*

— Você, Benedito, está sendo cruel comigo — queixou-se Elias.

— *Não, você que foi cruel naquela época. Os atos são seus! Por que eu que estou sendo cruel?*

— Desculpe-me! Você tem razão, eu que fui maldoso. Por que vi esta cena tão nítida?

— *Normalmente* — aquele espírito queria que ele entendesse —, *ficam em nós, na nossa memória espiritual, grafadas mais nitidamente o que mais nos marcou, infelizmente acontece com as vezes que erramos. Vamos continuar: foi para a pousada e em seguida partiram. Você nem sabia para onde estava indo com aquela que pensava amar. Ela não o deixava triste, a viagem foi de três dias.*

Benedito fez uma pausa, olhou fixamente para Elias e decidiu:

— Antes de ajudá-lo a se lembrar de sua aventura, irá saber o que aconteceu com sua família ao ser abandonada. Sua esposa no começo não acreditou, só entendeu quando um dos seus irmãos foi visitá-la e contou o que você fizera e com quem partira. "Esta mulher é uma meretriz", contou seu irmão. "Mora longe, perto de minas de ouro, é rica. Meu irmão, seu marido, foi com ela." "O que faço?", sua esposa estava totalmente confusa. "Não sei", respondeu seu irmão. "Cuide das crianças!" Ele deu dinheiro para ela. A casa em que moravam era pequena, simples, mas de vocês. Sua esposa ficou desesperada, foi à pousada e soube que você e a moça haviam realmente ido embora. Recusando-se a acreditar, pôs-se a esperá-lo. Três meses depois, entendeu realmente a situação. Você fora embora, e ela teria de fazer algo para sobreviver, porém, amargurada, pensou numa forma de revidar. Concluiu: "Ele gosta dos filhos! Pois não os verá mais. Se ele não me ama, não liga para mim, vou fazer algo para ele não ver mais os filhos". Planejou o que iria fazer. O filho caçula estava chorando muito. As crianças, mesmo sem entender, sentiram que a mãe não estava bem, e com a falta do pai, estavam inquietas e choronas. Ela estava desesperada e *ficou, numa tarde, mais ainda com o choro do caçula; puxou-o pelo pé, que ficou dependurado e, para segurá-lo, torceu o pezinho da criança; ele chorou desesperado com dor, então ela percebeu que o pé do garotinho estava solto. Pediu para o filho mais velho, de quatro anos, ir chamar a vizinha, e esta, ao ver o menino, foi buscar a benzedeira, uma mulher que usava de seus poucos conhecimentos para ajudar a todos que a procuravam; agia como Margarida agiu depois na pousada. A benzedeira foi rápido, levou seus remédios. Deu para a criança uma poção para amenizar dores, a criança dormiu, e ela enfaixou o pé dele até o joelho. "Ele quebrou o osso. Como isto aconteceu?", a mulher quis saber. "Meu filho ia cair, segurei-o pelo pé." "Torceu? Cuidado, mulher, seus filhos não têm nada com isto, com seus problemas." Pacientemente a ensinou como dar o remédio para a criança e disse que voltaria no dia seguinte para vê-lo. Sua esposa chorou muito, nos últimos tempos só chorava. É isto: o ferimento que causou no caçula infelizmente a levou a ter certeza do que deveria fazer. Vendeu a casa, tudo o que tinha e alugou uma carruagem junto a outras pessoas; foram cinco viajantes com escoltas que partiriam para a capital do país. Na véspera, comunicou a família; ela tinha o pai idoso e, na cidade, também moravam dois irmãos. Eles tentaram fazê-la mudar de ideia, ela disse que pensaria. Falou que pretendia ir, mas não falou que já era no dia seguinte. Foi também ao galpão e contou para seus irmãos que ia viajar, mudar para outra cidade; fazendo isto, o estava castigando, pois não veria mais os filhos.*

— Meu Deus! — exclamou Elias. — Minha esposa era mesmo Margarida! Fisicamente, era parecida! Sinto que era ela. Não é, Benedito?

— Sim, sua esposa naquela época retornou ao Plano Físico e foi Margarida — respondeu o espírito. — Vou voltar à narrativa. Seus irmãos duvidaram, mas ela e os filhos foram embora. O *neném ainda estava com o pé enfaixado, iria ficar torto, e ela sabia que ele iria ter dificuldades para andar. Sua esposa parecia alheia, queria somente se desfazer dos filhos, pensando, assim, em fazê-lo sofrer como ela sofria. A viagem foi difícil, tentou ter paciência com as crianças, fez de tudo para dar o máximo de conforto a elas. A viagem foi de dias. Chegaram. Por ter de carregar sacos de roupas, o filho menor e ficar atenta aos outros dois, teve de pegar uma carruagem de aluguel. Indagou: sabia o nome do lugar para onde deveria ir. Ao chegar, desceu com as crianças. Era uma casa grande, um orfanato. Foi atendida, pediu para conversar com a diretora do local. A madre a recebeu, pediu a uma outra freira para levar os filhos dela ao pátio onde estavam as outras crianças e alimentá-las. "Madre", ela falou compassadamente, mas com firmeza, "peço-lhe, por Deus, que aceite meus filhinhos. Vim do interior para tentar deixá-los aqui. Sou órfã!". Ela mentiu, havia pensado e repensado muitas vezes no que diria para a diretora do orfanato.*

Elias se inquietou ao escutar Benedito, quis rogar novamente para ele parar, mas escutou:

— O que falo é verdade, e é você que recorda. Sua esposa, a que foi depois Margarida, continuou mentindo: "Fui criada por uma família, casei-me, meu marido veio tentar a vida longe de seus familiares. Tivemos três filhos. Ele morreu: estava trabalhando, dirigindo uma carruagem, transportando seu patrão; foram assaltados, ele foi ferido e faleceu três dias depois. Não temos família: a que me criou nunca me deu atenção, a do meu esposo mora longe, nem sabíamos se estavam vivos ou não. Não tenho como criar meus filhos, estou doente, o médico que consultei me afirmou que não tenho muito tempo de vida. Então vim pedir, por Deus, para a senhora abrigá-los, pode dá-los para adoção, as crianças são boas e educadas. O menorzinho quebrou o pé". "A senhora tem certeza do que está pedindo?", a *madre quis saber. "Não tenho outra opção, madre. Sei que aqui as senhoras sabem para quem doá-las, ou, se ficarem aqui, terão abrigo e alimentos." "Vamos ficar com eles. Vou pedir para o médico cuidar do pezinho do menino." A madre superiora acreditou no que ela contara porque, além de muito magra, ela estava realmente debilitada, tinha o aspecto doentio. Ela se despediu somente da madre, foi embora também como você, sem se despedir, sem explicar para os filhos, o maiorzinho já entendia. Saiu do orfanato com um saco pequeno com algumas roupas dela, andou muito, à noite pernoitou numa pousada. Procurou saber se tinha como viajar para o local onde você, seu marido, estava. Comprou uma faca, guardou-a nos seus pertences. Pagou pela viagem. Demorou dias para chegar, o dinheiro era pouco, hospedou-se em locais simples. Chegou à cidade, procurou saber onde você estava e como era o local; soube fácil, o lugar era conhecido. Viu-os de longe e planejou assassinar sua amante. Porém, ingênua, ao se aproximar do bordel, foi detida por um empregado dela que fazia a segurança. Este empregado a levou para um cômodo no fundo da casa e avisou à patroa, que foi vê-la, não falou nada para você e proibiu o empregado de fazê-lo. Bastou ela olhá-la para saber quem era e ironizou: "Ah, você é uma mulher boba! É isto que é! Pensou em me matar? Você", virou-se para o empregado, "irá viajar depois de amanhã: leve-a e solte-a lá. Deixe-a aqui amarrada neste cômodo e, se gritar, amordace-a. E quanto à senhora, não volte mais aqui; senão, ordenarei que a matem!". Sua esposa não falou nada e, durante o tempo que ficou cativa, não pronunciou uma palavra e também não chorou. Seu plano fracassou, porém entendeu, naquele momento, diante de sua amante, que não teria coragem de matar ninguém. Não era assassina. Vendo-a bonita, arrumada, sentiu-se impotente e muito infeliz. Foi levada para uma viagem de dias, tomava água e se alimentava quando lhe davam alguma coisa. Assim que se afastaram da cidade, foi desamarrada. Continuou calada, não tinha vontade de falar. Foi solta numa cidade assim que chegaram. Ficou ali esmolando. Então sentiu remorso. Quis de alguma maneira castigar o marido, porém, ao vê-lo de longe, entendeu que ele estava bem e feliz e que ainda o amava. O que fizera a tornara mais infeliz. Pensava muito no que poderia ter feito. "Se tivesse ficado, teria a nossa casa para morar, poderia trabalhar, as famílias me ajudariam, eu criaria meus filhos e estaria com eles. O que fiz? Como estarão agora as crianças? Separados com certeza. Sentirão minha falta? Devem sentir, eles me amavam. O que fiz?" Mas não chorava, não tinha mais lágrimas. Sabia que não tinha mais como rever os filhos, o orfanato estava muito longe, não tinha nem dinheiro para se alimentar, não tinha também mais como se aproximar do esposo nem matar a moça que estava com ele, como fora seu objetivo. Sentia falta dos filhos e muita solidão, começou a sentir dor no pé, a mesma que julgava que seu filhinho sentira. Estava envelhecida, muito magra, delirava, sentiu frio, fome, dormia ao relento, mas a dor do remorso era maior. Desencarnou assim, neste estado. Foi encontrada por outros mendigos e enterrada como indigente.*

Elias chorou. Benedito respeitou a dor dele, parou com sua narrativa por alguns instantes, para retornar falando em tom baixo e devagar para Elias acompanhar.

— Quanto a você, ficou sabendo, por uma carta de seu irmão, o que sua esposa fizera, que viajara e que ninguém sabia para onde iria e que ia dar para adoção seus filhos; se aborreceu, mas sua amante o consolou dizendo que, adotados, estariam melhor e que os esquecesse. Ela sabia que podia ser verdade porque vira sua esposa, e ela estava sozinha.

Elias voltou a ter lances, se viu aborrecido e sentia saudades dos filhos. Quando saiu de casa, pensou que a esposa cuidaria deles e que as famílias, dele e dela, a ajudariam. Teve, então, a certeza de que ele não as veria mais. Isto o incomodou.

– *Muitas vezes* – Benedito falou –, *você chorou de saudades e pensava se de fato agira certo. Mas amava aquela mulher, que o fazia esquecer de tudo. Vocês não tiveram filhos. Você foi embora com ela, deixou tudo, todos, por aquela paixão.*

– Fui insensato! – Elias suspirou.

– *Insensato. Algo mais?* – perguntou Benedito.

– Maldoso e egoísta, não pensei em ninguém. Como se pode ser feliz fazendo a infelicidade de tantas pessoas? – Elias estava indignado.

– *Que bom que pensa assim, mas não pensava isto naquela época* – afirmou Benedito. – *Você viajou entusiasmado, estava alegre por amar e se sentir amado pela aquela linda mulher. Chegaram. Ela morava numa casa grande, era um bordel. Ali era um local de encontros. Ela era a dona. Aquela casa era pousada, bar, restaurante e um prostíbulo. Moravam ali várias moças, empregados e vinte escravos. Foi então que você, neste período, teve contato com escravos. Ali eles afirmavam estar bem e que era preferível que trabalhar nas minas ou nas lavouras. Você tentou, esforçou-se para se acostumar ali; criado com outros princípios, estranhou muito, quis mudar a forma de viver dela, mas sua amada foi irredutível: vivia bem, no conforto, tinha tudo o que queria e não mudaria nem por você nem por ninguém. Tiveram alguns desentendimentos, mas não aguentavam nem ficar sem conversar. O fato é que se amavam.*

Elias se lembrou da diferença da casa que antigamente morava e as que conhecia de seus familiares, todas simples, com a do bordel. Como aquela era luxuosa! O quarto que ocupavam era grande, espaçoso, assim como a cama.

– *Ela lhe deu muitos presentes* – continuou Benedito contando –, *várias e bonitas roupas. Acostumado a trabalhar, não quis ficar na inércia: arrumou um cômodo no quintal, organizou-o e fez um pequeno local para consertar rodas e colocar ferraduras nos cavalos. Por algumas horas, trabalhava como ferreiro; as outras horas do dia passava junto a ela. Quando você soube que ela tinha encontros, teve uma crise de ciúmes e escutou: "Por que está assim? Sabe que eu sou mulher de muitos, tenho meus admiradores, clientes. Amo você e não é por estar com outros homens que o amo menos. Não prometi ser fiel, sou sua amante e não esposa. Conforme-se!". Discutiram, você não conseguiu mudá-la, tinha então que ou abandoná-la ou aceitá-la. Não conseguia viver sem ela, então aceitou. Escutava ironias, ofensas, mas não revidava, não tinha como brigar com clientes e sabia que eles tinham razão.*

— Nada é perfeito! — exclamou Elias. — Não fui totalmente feliz como esperava ou queria.

— *A felicidade é algo interno e particular de cada um. Podemos ser alegres ou tristes pelas circunstâncias externas. Mas a felicidade é para quem conquistou a paz.*

— Na situação em que estava, eu não tinha paz.

— *Concordo* — opinou Benedito. — *Você viveu entre gozo e sofrimento. Pensava, para apaziguar sua consciência, que sua família estaria bem, que sua esposa cuidaria de seus filhos; depois, quando recebeu a carta de um dos seus irmãos, pensava que adotados estavam bem. Você recebeu somente duas cartas, a primeira contando que sua esposa fora embora, e a segunda, que dizia que todos estavam bem, mas que ninguém soubera mais de sua esposa e filhos. Como você não respondeu, não escreveram mais.*

— Não tive coragem de escrever. Sabia que agira errado vindo embora e largando a família — Elias suspirou e exclamou: — Os escravos!

Ele se lembrou:

VERA LÚCIA MARINZECK DE CARVALHO ditado por ANTÔNIO CARLOS

— Estranhei muito morar num local onde os escravos faziam serviços domésticos e trabalhavam nas lavouras e nas minas, sendo vendidos e comprados, negociados como mercadorias!

— *Você escutou muitas histórias tristes. No bordel havia negras bonitas, compradas pela dona para se prostituir. Quando você soube disto, se indignou e escutou: "Calma! Por aqui é assim que se vive. Elas fazem o que querem. Se está duvidando de mim, pergunte para as moças. Aqui elas estão bem, têm casa para morar, alimentos, o trabalho é fácil, raramente temos problemas. Se alguma veio para cá sem querer, logo se acostuma. Escravas bonitas, nas fazendas, além de trabalhar, são quase sempre amantes de seus donos ou de empregados e não ganham nada por isso. Quando as compro, informo o que irão fazer aqui; elas sempre querem e recebem por esta atividade, além de ter abrigo e alimentos. Somente uma, até hoje, não queria, era apaixonada por outro escravo. Por isto me arrependo, não a escutei, e ela foi forçada; por muito tempo ficou triste, depois trabalhou muito, comprou sua liberdade e depois a do escravo que amava. Os dois se tornaram empregados. Isto acontece. Elas têm de me dar uma porcentagem para ter moradia, alimentos e roupas, e a maioria compra sua liberdade e continua aqui comigo". "Continuam pagando?", você realmente estava incomodado com aquela situação. "Claro", ela se defendia, "isto é um negócio. Não fique com essa cara de piedade. Escravos meus não são castigados; se dão trabalho, em vez de castigá-los, vendo-os!". De fato, era o que sua amada fazia. "Vende-os para serem mineiros?", você quis saber. "O que eles irão ser ou fazer é o dono que decide." Um fato intrigava você, as moças não ficavam grávidas. Você a indagou o porquê. "É simples: tomamos ervas para não ficarmos grávidas e, se alguma ficar, a Chiquinha faz o aborto." "Você as obriga a fazer isso?" "Com as escravas, sim; com as outras, elas que decidem, homens não gostam de grávidas. E a ordem aqui é clara: crianças não moram aqui. Se tiverem a criança ou se não der certo abortar, escravas vão para o cômodo do fundo e, com seis meses, as crianças são vendidas. Até hoje isto não aconteceu. As moças livres têm de ir embora."* "Isso não é cruel?" *"Não! Você acha que eu seria assim, linda, se já tivesse uns seis filhos ou mais? E sem pai?"* "Agora você tem um pai para seus filhos." *"Você abandonou facilmente os seus. Não abandonaria os que tivesse comigo? É tarde para ter filhos, ficará para a próxima vez. Se é verdade que nascemos e morremos muitas vezes, terei filhos na outra vida, mas casada."* "Eu não quero ter filhos." Você realmente não queria mais tê-los para não abandoná-los. *"Essas ervas que tomam não fazem mal?"*, você quis saber. "Ermencida morreu de forma estranha. Não teria sido pelos abortos ou pelas ervas?", você se preocupou. *"Como saber? Chiquinha acha que tomá-las demais e por muito tempo deve, sim, fazer mal. Mas qual dos males é maior? Ter filhos solteira, sem pai, ficar feia, ter de criá-los sozinha e na miséria ou na velhice ficar doente? Ermencida tinha quarenta e dois anos. Morre-se de um modo ou de outro."* "E se você morrer?" *"Todos morrem. Não quero mais falar sobre isto."* Ela o agradava e você esquecia qualquer assunto desagradável. Você passou a trabalhar mais tempo no galpão, fazia todo o serviço de ferreiro para ela e para os clientes. Um escravo dela, mais velho, o ajudava no serviço. Um dia, você, vendo-o triste, indagou o porquê. "Senhor", ele respondeu, "tenho dois filhos, escravos também, que estão nas minas. Sinto saudades deles e me preocupo, porque estar como escravo nas minas é difícil e penoso. Queria tirá-los de lá. Se pudesse, se eles me aceitassem, trocaria de lugar com um deles. E eu nem sou dono de mim mesmo. Hoje estou triste porque recebi a notícia de que meu caçula está doente". "Você não pode comprá-lo?", perguntou. "Se tivesse dinheiro, sim; ele não é caro porque está doente." "Quanto?" "Como?", o escravo não entendeu.

VERA LÚCIA MARINZECK DE CARVALHO ditado por ANTÔNIO CARLOS

– Benedito! É você! Estou o reconhecendo! – Elias exclamou. Abriu bem os olhos para observar o espírito que conversava com ele. Mas, ao querer prestar atenção no espírito, não conseguiu enxergá-lo.

– Benedito! – Elias exclamou chamando.

– Sim, sou eu! O preto velho escravo que você ajudou. Continue, Elias, se lembrando. – Continuou: – *Eu falei a quantia e você pegou o dinheiro e me deu. "Vá agora, Benedito, a essa mina em que seu filho está; vá com este cavalo e traga seu filho na garupa. Explico para sua dona." Eu nem acreditei, peguei o dinheiro, arreei o cavalo e fui à mina. Era uma hora e vinte minutos para chegar lá. Comprei-o facilmente e o trouxe.*

Elias se recordou que foi falar com sua amada, contou a ela que dera do seu dinheiro, o que ganhava como ferreiro. Ela não comentou nada. Sentia que ele deveria ter feito algo de bom para os filhos e nem sabia como eles estavam. "Pelo menos eles são brancos e não serão escravos", pensava, tentando se justificar.

– *Retornei* – Benedito voltou a falar – *com meu filho, acomodei-o num cômodo no quintal e cuidei dele.*

– Foi a primeira vez que vi ferimentos de chicotadas, soube o que era um escravo ser maltratado, senti por isto – falou Elias se recordando. – Lembro de ter pensado: "Tenho três filhos, queria que todos estivessem bem, não somente eu".

– *Vou continuar contando e você lembrando* – determinou aquele que fora escravo. – *Dias depois, você me perguntou: "Benedito, e seu outro filho?" "Continua na mina; espero senhor, que, este voltando a ser sadio, trabalhe para comprarmos o outro", respondi. "Quanto?", você perguntou. "Quanto o quê?" "De quanto precisa para comprá-lo?" Falei, este era mais caro, era forte e sadio. Você tinha um pouco mais que a metade, então pediu para minha dona o restante e escutou dela: "Não dá para comprar escravos e alforriá-los. Se fizer isto, fico pobre, e os negros continuam cativos. Escravos bons são caros". "Mas são pessoas." "Sei disso, porém não fui eu quem fez as leis. Trato bem os meus. Mas Benedito merece, vou dar o dinheiro para completar. Mas este será nosso escravo, trabalhará aqui." Busquei o outro filho, e nós três ficamos trabalhando no bordel, éramos gratos e não demos problemas.*

— Eu – lembrou Elias – *comprei alguns escravos, ajudei outros a comprarem suas liberdades. De fato, a escravatura era algo que me indignava. Minha amada não interferia nesta minha atitude para que eu não interferisse no modo que vivia.*

— Embora – Benedito continuou contando e Elias recordando – *naquela época, aos quarenta anos, já fôssemos considerados velhos e desencarnássemos novos, você ficou apreensivo, porque as moças do bordel faleciam jovens e adoentadas. Agora sei que era pelas ervas que tomavam, pelos abortos que faziam, por beberem muito. Mas uma morte o impressionou demais. Foi a de Hermelinda, que estava com vinte e três anos. Um homem rico da região ia muito ao bordel e ficava com ela. Numa noite, ele foi com Hermelinda para um quarto e voltou logo depois; chamou a proprietária para conversar e disse somente: "Matei aquela safada! Evite comentários! Ninguém deve saber, estão proibidos de falar o que aconteceu. Segure as moças para elas não comentarem. Mato outra se for preciso. Enterre-a! Diga para os outros que ela morreu do coração, de repente. Entendeu?". "Sim, senhor." "Aqui está uma quantia para as despesas." A proprietária do bordel e você foram ao quarto e verificaram: de fato, a moça estava morta, por três facadas, o leito estava todo sujo de sangue. A senhora da casa trancou o quarto, e tudo continuou como se nada tivesse acontecido. Você não se conformou. "Meu amor", explicou ela, "assim é nossa vida, não valemos nada. Esse senhor manda em tudo e todos por aqui. Se eu não fizer o que ele ordenou, o bordel, a casa,* com certeza queimará, e com todos nós dentro. Denunciá-lo para quem? Ele é a lei nesta região. Manda e desmanda." Quando o último cliente saiu, ela chamou todos, empregados, escravos, as garotas, e contou o que acontecera. As mocinhas choraram. "Não sei o que se passou naquele quarto", disse a dona do local, "penso que nunca saberemos. Benedito e seus filhos irão, assim que nascer o sol, enterrá-la. Escreverei para a família dela contando que ela faleceu de uma doença do coração, mandarei para os pais de Hermelinda o dinheiro que este senhor me deu. E para quem perguntar dela, a resposta deve ser a mesma: faleceu de repente de um ataque do coração. Quem falar do crime será castigado: se escravo, vai, no outro dia, para a mina; se empregado, será despedido; vocês, garotas, irão embora ou serão mortas como Hermelinda. Então cuidado. Calados!". Eu e um dos meus filhos a enterramos, o outro foi para a cidade onde moravam os pais dela para dar a notícia e o dinheiro. Ninguém comentou.

– Eu fiquei aborrecido – Elias se expressou –, preocupado e muito indignado. Embora ainda hoje haja muitas pessoas que agem errado, com maldade, e ficam impunes, naquela época havia mais. Você sabe Benedito, o que aconteceu com aquele homem?

– Sei, soube. Ele a matou simplesmente porque escutara dela algo de que não gostou. Ele cometeu muitos crimes e ordenou outros. Ficou muito doente e enlouqueceu, porque desencarnados que não o perdoaram o obsediaram. Quando desencarnou, foi com eles, com estes espíritos que queriam vingança, para o Umbral, onde sofreu muito. Tive notícias de que ele, anos depois, reencarnou num lar muito pobre deficiente físico e mental, teve uma encarnação realmente difícil. Desta vez foi socorrido quando desencarnou, voltou a reencarnar logo depois e atualmente continua com a colheita de sua má plantação, que não é nada *fácil. Fazemos o que queremos, mas somos donos de nossos atos bons ou não. É a lei de Deus.*

— Envelhecemos, e ela passou somente a tomar conta do bordel; continuamos juntos, nos amávamos — lembrou Elias.

— *Você* — falou Benedito —, *encarnado, não soube de seus filhos nem de sua esposa. Evitava pensar neles e, se o fazia, iludia-se e pensava que eles estavam bem. O fato era que sentia remorso pelo que fizera. Ela estava com quarenta e quatro anos, já tinha muitos cabelos brancos, mas, para você, ela continuava linda. Ficou doente; para as doenças davam outros nomes, mas ela sentia muitas dores, envelheceu, emagreceu, ficou acamada por cinco meses. Você cuidou dela junto às moças, escravos e empregados. Você sofria em vê-la sofrer. Foi um período triste, e ela desencarnou. Ela não tinha herdeiros, o bordel ficou para as moças. Muitas donas e muitos problemas. Você continuou ali, mas tiraram você do seu quarto, foi para um cômodo no fundo do quintal. Nada mais importava para você, sofria muito pela falta dela, de saudades; passou a trabalhar pouco como ferreiro por não ter vontade de fazer nada. Depois de muitas brigas das novas donas, venderam o bordel, a casa, para um homem que reorganizou tudo, e você continuou no cômodo.*

— Fiquei doente — comentou Elias —; um filho seu, Benedito, cuidou de mim, porque você já tinha, como fala, desencarnado. Não lutei pela vida, estava apático, sem motivação para viver. Alimentava-me pouco, fiquei magro, enfraquecido e, por um surto de gripe na região, a contraí e desencarnei.

10º CAPÍTULO

ENFIM, ENCONTRADO

— Sofremos! — Elias suspirou.
— *Sim, penso que vocês, ao voltarem para o Plano Espiritual, sentiram muito* — concordou Benedito.
— Lembro-me pouco deste período em que estive desencarnado. Entendi, logo após a morte do meu corpo carnal, que mudara de plano e que continuava vivo. Fiquei ali no bordel com vários espíritos e me encontrei com minha amada, que também ficara ali. Acusamos um ao outro. "Você", gritava ela, "*deveria ter me ajudado a ser uma pessoa melhor. Não me auxiliou!*". "*Não me acuse!*", me defendia. "*Não vê o que você fez? Por você abandonei minha esposa, que enlouqueceu, e meus filhos. Você me fez ser um mau pai. Não quero ter mais filhos para não os abandonar.*" Brigávamos, mas continuávamos perto, não conseguíamos ficar afastados.

— *É sempre muito mais fácil* — opinou Benedito — *colocar a culpa dos nossos erros em outras pessoas. É o "fiz isto porque você fez aquilo". Se agíssemos com sinceridade, assumiríamos nossos erros.*

— Porém — Elias lembrou — continuamos a nos amar. Ficamos na casa, no bordel, sofremos dores, fome, sede e frio, até que realmente nos arrependemos e fomos socorridos. Fomos separados, entendemos que deveríamos aprender muitas coisas para depois nos encontrarmos e nos amarmos de forma correta. Mas aqui na Águia Dourada...

— *Encontraram-se e não resistiram, foram amantes por um tempo. Ainda bem que não sacrificaram ninguém para estar juntos. O que você, Elias, tirou para você, de bom, ao se recordar de suas duas existências passadas?*

— Que não se consegue ser feliz quando fazemos outras pessoas infelizes.

— *E se fizermos outros felizes, teremos paz e consequentemente felicidade* — completou Benedito.

— Já que me fez lembrar, conte o que aconteceu com os outros.

Benedito o atendeu:

— *Sua esposa sofreu muito, arrependeu-se dolorosamente. Quando ela foi levada para longe, deixada numa cidade distante da que morou, de você e do orfanato onde deixou os filhos, com poucas roupas e sem dinheiro, passou, no começo, a fazer alguns trabalhos; depois esmolou, mas não se prostituiu, não fez nada de errado. Pensava nos filhos e chorava, passou a sentir dores no pé ao se lembrar que quebrara o pezinho do filho, começou a mancar. Desencarnou numa noite fria, encontraram-na morta e foi enterrada como indigente. Pelo remorso destrutivo, não aceitou o socorro, julgava não merecê-lo. Sofreu até que conseguiu entender, se perdoar, e então foi socorrida. Porém não conseguiu se libertar da culpa por ter abandonado os filhos e quebrado o pé do caçula. Este fato a marcou tanto que trouxe, ao reencarnar, esta deficiência. Como Margarida, continuou a amá-lo, porém fez muitos atos bons; ela sabia, por estar sempre atenta a você, de seu envolvimento com Augusta e não contou a ninguém. Margarida foi, do grupo, a que mais aproveitou para se melhorar, reparou seus erros, não se revoltou, foi socorrida quando desencarnou.*

— Começo a entender que a reencarnação é uma bênção de Deus! — exclamou Elias.

— *A vida, meu caro, é uma só, porém pode ser de muitas formas. O espírito é único e se reveste de vários corpos físicos.*

— E aqueles que foram meus filhos? Sabe deles? O que aconteceu com eles no orfanato? — perguntou Elias.

— *Os três ficaram mesmo no orfanato. O mais velho esperou por anos pela mãe, acreditava que ela voltaria para buscá-lo, realmente esperou. A vida daquela criança não foi fácil; maiorzinho, ninguém quis adotá-lo. Quando mocinho, teve de sair do orfanato, era revoltado, optou por não agir corretamente, foi um malandro. A filha, a segunda, foi adotada, não viu mais os irmãos, teve uma vida razoável. O pequenino, por ter ficado com o pé deficiente, não foi adotado. Desencarnou no orfanato com dezesseis anos por doença. Foi uma criança que não foi bem cuidada. Os três atualmente estão reencarnados, seguem a vida deles.*

— Eles são meus filhos novamente? — Elias quis saber.

— *Não, os três escolheram outros pais; já tinham, como vocês, reencarnado uma vez antes desta, fizeram outros afetos, não têm vínculos com você nem com a mulher que foi sua esposa, a mãe que os abandonou. Eles estão bem.*

— Eles, depois de desencarnados após esta encarnação em que foram abandonados, o que aconteceu? Por que a mãe os deixou? Teve motivo para isto ter ocorrido?

— *Não sei lhe responder* — Benedito foi sincero. — *Muitos espíritos não se interessam pelo que foram, pelos vários porquês* nem pelas suas outras reencarnações. Entendem que para tudo há motivos, sofrem para reparar erros do passado, mas também para ter melhor compreensão da vida, para progredir, para estar perto de outros que estão resgatando. Não devemos nos prender ao passado; muitos já compreenderam isto e preferem viver sabiamente o presente porque é o que fazemos agora que se reflete no futuro.

— Conte para mim o que aconteceu com os envolvidos aqui, nessa encarnação na Águia Dourada — pediu Elias.

— *Vitório* — Benedito o atendeu — *desencarnou primeiro que Augusta e aí soube da traição e que o terceiro filho não era dele. Ao saber, chorou muito, sentiu raiva, ele a amava, foi sempre bom para ela. Augusta se arrependeu, entendeu que errara ao ser sua amante, por ter traído, que Vitório não merecia e lhe pediu perdão. Ela sentiu necessidade de se libertar do vício de trair, de se prostituir, queria aprender a ser fiel, ela traiu outras vezes Vitório. Porém, de fato, o amou e não o esqueceu. Sua amada teve outros amantes. Sentimo-nos somente libertados de vícios, quando temos oportunidade e não recaímos. Augusta teve, anteriormente, duas reencarnações, antes de se chamar Augusta, voltadas à prostituição. Agora, atualmente, não trai, esforça-se e está conseguindo vencer seu vício.*

— Vitório ficou sentido comigo? — Elias quis saber.

— *Ficou mais com a esposa. Quando desencarnou e soube, ficou com ela, prejudicando-a. Não quis saber de você, porém teve, sim, ressentimento; ele tinha a certeza que nunca iria traí--lo. Não veio atrás de você e quando você, desencarnado, lhe pediu perdão, ele o perdoou, mas afirmou que não o queria por perto. Vocês não ficaram juntos no Plano Espiritual, somente se encontraram para conversar; Augusta e você sentiram necessidade, vontade, de se acertarem, prometeram ficar separados. Ela quis ficar com Vitório, ser fiel e ajudá-lo.*

— Separamo-nos...

— *Sim* — afirmou Benedito —, *reencarnaram longe um do outro. Você teve pais presentes, casou-se e tem filhos. Será, Elias, que aprendeu? É bom filho? É bom pai?*

— Penso que não! Não sou! Não tenho dado atenção para meus pais nem para meus filhos. Estou novamente agindo errado.

— *Meu caro, é somente você que pode desfazer o que fez, fazer o que não fez ou o que deveria ter feito e agora fazer o certo.*

— Continuo sendo egoísta! — lastimou Elias.

— *De fato, você, Elias, é egoísta. Egoísmo resume todos seus erros no passado, não deixe o egoísmo dominá-lo e fazê-lo cometer mais erros ou repeti-los. O egoísmo é avesso ao amor, torna a convivência com as outras pessoas uma relação complicada.*

— O que devo fazer? O que você me aconselha? — Elias quis saber.

— *Você com certeza procurará entender o que se passou aqui com você. Um bom caminho lhe será mostrado. Dê pequenos passos no caminho certo, que é bem melhor que dar grandes passos fora do caminho. Peço-lhe, Elias, não procure por aquela que se chamou Augusta; sabe que ela está como você, reencarnada. Lembro-o que, fisicamente, tanto você como ela tiveram físicos diferentes. Atualmente você é casado, tem filhos e ela também; e o antigo Vitório agora é ciumento. Ele não era; talvez por ter conhecimento de que fora traído, mesmo com a volta ao físico e esquecendo, por ter sentido muito essa traição, transmitiu este sentimento ao reencarnar; agora sente ciúmes dela e a vigia. Ela tem lidado bem com isto, talvez porque sinta que errou em outras existências e fez dele uma pessoa insegura e ciumenta. Não a procure, Elias. Lembro-o que foram vocês que decidiram estar separados nesta reencarnação. Augusta planejou ser uma boa pessoa e está sendo. Se vocês se reencontrarem, o que farão? Deixarão tudo para ficar juntos?*

— Se isso ocorrer, estaremos, com certeza, causando infelicidade... — Elias suspirou.

— *A situação agora é diferente, não daria para abandonar os filhos como já fez. Porém eles cresceriam sem sua presença.*

— Não vou procurá-la. Será que, no futuro, nas nossas próximas encarnações, ficaremos juntos? Augusta e eu?

— *Como saber o futuro?* — Benedito sorriu. — *Tudo muda, mudamos; graças a Deus, progredimos, e quero acreditar que iremos melhorar. Vocês dois foram apaixonados, sentiram uma paixão que lhes fez mal. Augusta está aprendendo a amar, espero que você também aprenda. Poderão, sim, se encontrar no Plano Espiritual quando estiverem desencarnados, e pode ser que, ao se reencontrarem, não sintam mais nada um pelo outro ou a antiga paixão se transforme em amor. Poderão planejar reencarnar numa mesma região e se encontrarem, mas, encarnados, há o esquecimento, então muitas coisas poderão acontecer: serem amigos, ter um envolvimento e ficar juntos ou preferir cada um seguir seu caminho. Não temos como saber do futuro.*

— Sinto que ainda a amo. Penso que se encontrá-la irei querê-la para mim e, se isto ocorrer no futuro, eu a amarei.

— *Talvez vocês dois precisem estar juntos para provar que amarão de forma correta e sem infelicitar ninguém. Deixemos o futuro, é o presente o período importante.*

— Por que você, Benedito, está aqui? — Elias quis saber.

— *Você se lembrou que me conheceu, me ajudou. Sou grato, profundamente agradecido. Estou tendo agora a oportunidade de lhe retribuir. Todos os envolvidos no seu passado estão melhores que você. Eurico é trabalhador e religioso. Maricota também está bem, os dois se casaram, mas não um com o outro. Eles se conhecem somente.*

— Por falar em Maricota... — Elias interrompeu o espírito. — Mesmo sendo acidente, fui a causa da morte dela. Existiu erro? Ninguém me chamou de "assassino". Ela me perdoou?

— *Elias* — Benedito atenciosamente tentou elucidá-lo —, *quando matamos uma pessoa, destruímos o corpo que ela usava para*

VERA LÚCIA MARINZECK DE CARVALHO ditado por ANTÔNIO CARLOS

se manifestar no mundo físico. A vida é indestrutível. Com esta atitude violenta que é matar, não se acaba com a vida, porém é muito grave o erro de destruir o veículo físico. De fato, foi um acidente, você não teve a intenção. Maricota, mesmo confusa, desencarnou, ficou na casa, entendeu que você não foi culpado. Ela compreendeu que você quis somente que ela largasse seu braço, que doía. Como não o julgou culpado, não tinha por que perdoá-lo.

— Penso que estou sentindo mais agora este fato que na época.

— *Recordou-se deste episódio somente para aprender que não se deve ser impulsivo. O melhor é resolver tudo com calma. Vou continuar lhe dando notícias dos envolvidos no seu passado. Jiló e Martina se reencontraram, casaram e receberam Rosinha de novo por filha; eles, desta vez, têm outros filhos e estão prestando atenção na educação da filha, que agora é honesta. Eles reencarnaram aqui, nesta região. Zacarias reencarnou como filho de um neto na cidade onde morou. Augusta é religiosa, faz caridade e está acertando nesta reencarnação. Você foi um benfeitor para mim, não esqueci, estou preocupado com você.*

— Egoisticamente pensava muito em mim.

— *Aproveitei que você veio a esta região, distraí-o e se perdeu para se encontrar. Não lhe peço desculpas. Desculpas e perdão devem ser sinceros e quando se reconhece que realmente se agiu errado. Como retribuir um bem que nos foi feito? Com certeza com um bem maior. Penso Elias, que estou lhe retribuindo.*

— Pensei no começo que você estava me castigando, agora o estou entendendo, está tentando me alertar, me fazer voltar ao bem, me fez recordar...

— *Para relembrá-lo de que tem pais. Como não lhes dar valor? Tem filhos. Por que não ser bom pai?*

— Se contar o que passei aqui não irão acreditar e me chamarão de "louco".

— *Realmente, não deve contar, nem para seus familiares nem para os médicos que o atenderão; se falar, eles tentarão medicá-lo com remédios fortes. Porém, se você procurar, encontrará pessoas que, além de acreditar, o auxiliarão. O melhor é falar agora que desmaiou com a pancada na cabeça e que depois dormia e acordava. Peço-lhe que pense, e muito, em tudo o que escutou, recordou, porque isto é seu, foi você quem viveu e sentiu. Gostaria muito, com sinceridade, que isto tudo não fosse em vão e que eu possa saber que o ajudei, alertei, retribuí o bem que me fez. Meu último conselho: pense no que irá fazer de agora em diante. Não aja mais com egoísmo, cultive o amor verdadeiro e terá sua vida modificada para melhor. Evite errar para não sentir a dor do remorso, do arrependimento. Esqueça o que você, Elias, foi até ontem; foque no que é, no que pretende ser daqui para a frente. Que Deus o abençoe, nos abençoe!*

— Não sei se devo agradecer. Ainda penso que não deveria ter me segurado. Preocupei a todos.

— *Não fiz para receber agradecimento. Acredito que o ajudei. Espero, de coração, que você entenda o que eu quis lhe passar. Despeço-me de você! É de fato um "adeus". Vou me preparar para reencarnar e, com a volta ao Plano Físico, esquecerei. Sinto-me quite com você. Adeus!*

— Adeus!

"Agora sim vou ficar sozinho. Morrerei aqui? Que morte ridícula! Perdi-me, entrei numa ruína, pisei numa tábua, a ponta dela bateu na minha cabeça, caí sentado numa cadeira pregada no assoalho, morri de sede e fome. Triste fim de Elias."

— Elias! Elias! – escutou.

— Estão me procurando! Pelas vozes estão na entrada. Tomara que achem a moto. Tenho de fazer barulho para que saibam que estou aqui.

Tirou da mochila as garrafas e esperou que se aproximassem mais, prestando atenção nos gritos; no intervalo, jogou com toda força que conseguiu as garrafas no vão de uma janela, a que tinha umas tábuas velhas. Fez barulho. Eles escutaram, calaram-se, prestaram atenção tentando ver de onde viera o barulho. Voltaram a gritar chamando, Elias gritou: primeiro a voz não foi tão alta; na segunda vez, realmente gritou.

— Estou aqui! Ajudem-me! Socorro! Estou nas ruínas!

Escutou pessoas se aproximarem e, esperançoso, ouviu-as:

— Ele está nas ruínas. Nós o encontramos! Elias! Elias!

— Aqui! No salão! – gritou, sua voz saiu alta.

— Temos de ter cuidado. O local está perigoso!

Elias os escutou na porta.

— Será que ele caiu? Está em algum buraco?

— Tem que ter cuidado – Elias os informou. – As tábuas do assoalho estão soltas. Estou aqui sentado numa cadeira.

— Vamos olhar onde pisamos – alertou um homem. – O melhor é colocar os pés no meio das tábuas. Elias ouviu as pessoas, a cadeira onde estava sentado o deixava de costas para a porta.

— Está aqui! O que faz sentado aí?

Elias viu três homens o olhando.

— Eu... – disse com dificuldades. – Saí para pescar, devo ter errado o caminho, com certeza me confundi; vi as ruínas e, curioso, entrei; devo ter pisado numa tábua solta, a ponta bateu na minha cabeça, tonteei; estava perto desta cadeira, consegui me sentar e perdi os sentidos. Acordei e não consegui levantar.

— Vamos pegá-lo e levá-lo para fora – determinou um dos homens, e ordenou ao outro: – Luís, vá lá fora e, pelo rádio, comunique aos outros que o encontramos nas ruínas da Águia Dourada.

Elias viu o homem que foi chamado de Luís sair com cuidado. O homem que ordenara observou-o.

— Seu ferimento não parece grave, mas foi na cabeça. Vamos pegá-lo, eu deste lado e Ivo do outro. Sairemos com cuidado. Tudo bem?

Elias afirmou com a cabeça. Apoiado, os dois o levantaram. Foi mais arrastado, ele não conseguia andar. Foi um alívio quando saiu da casa e sentiu o sol. Ivo o continuou segurando, o outro buscou água e lhe deu. Elias tomou. Luís informou:

— A van já está a caminho.

De fato, logo a van chegou, e eles, com cuidado, o colocaram no veículo.

— Sua família já foi avisada. Vamos levá-lo ao hospital da cidade.

Elias não falou, resolveu ficar calado.

No hospital, um jovem médico o examinou.

— Onde dói?

— Nenhuma dor mais forte, meu corpo está dolorido.

O médico lhe aplicou soro, achou-o desidratado; apalpou para ver se havia fratura. Suturou o corte na testa. Estava deitado numa maca. Rose chegou.

— Você está bem, Elias?

— Sim – respondeu –, penso que sim.

— Você será levado de ambulância até o aeroporto; nós, seus filhos e eu, iremos de van. Partiremos em duas horas. A firma em que trabalha organizou tudo. Ao chegarmos, outra ambulância o levará para o hospital de nosso convênio.

Elias a olhou, Rose determinara tudo friamente. Depois que falou, saiu sem se despedir. O médico tentou sorrir, e ele tentou ficar calmo.

Aconteceu como ela falou.

No avião, acomodado no espaço VIP e sozinho, Elias sentiu vontade de chorar.

"Se quero mudar minhas atitudes, terei de começar tendo paciência. Não irei contar o que recordei, pelo menos não agora."

Tentou relaxar.

11º CAPÍTULO

EM CASA

Quando o avião aterrissou, Rose foi, com os filhos, vê-lo. As crianças o abraçaram, e ele as beijou.

— Elias — informou Rose determinada —, vou para casa com nossos filhos, seus pais estarão no hospital esperando-o. À noite irei vê-lo. Venham, meninos, vamos pegar as malas e ir para a casa.

— Papai vai ficar aqui sozinho? — perguntou Manoela.

— Não, querida, vovô e vovó ficarão com ele — respondeu Rose.

Elias foi levado para a ambulância e depois para o hospital. Dois médicos o examinaram.

— De fato, não houve fratura — afirmou um dos médicos. — Vamos agora fazer um eletroencefalograma.

Enquanto esperava, seus pais ficaram com ele. A mãe estava preocupada.

— Mamãe, não se preocupe, com certeza não é nada grave. Quero agradecê-los por terem vindo. Amo-os!

Seus pais trocaram olhares. A mãe aproximou-se e pegou na mão dele; Elias levou a mão da mãe aos lábios e a beijou.

— Você está bom mesmo? — indagou a mãe.

— Estou, sim, mamãe — respondeu Elias. — Realmente não estou sentindo nada, dor ou mal-estar. Obrigado por ficarem comigo.

Ele foi levado para fazer o exame e retornou; os pais estavam lá e ficaram com ele. Conversaram, recordaram a infância dele e acabaram rindo. Rose chegou com a mãe dela. Os pais se despediram. Elias se levantou e foi ao banheiro.

— Já está andando? — perguntou Rose.

Ele não respondeu, deitou-se de novo. Rose, que até aquele momento se segurara, começou a falar e foi se exaltando.

— Você viu o que fez? Está contente? Preocupou a todos. Falou que não conseguia andar, mas está aí bem e andando. Penso que quis me preocupar e conseguiu. O que você fez nesse tempo em que esteve sumido? Você me deixou sozinha com as crianças.

Uma enfermeira entrou no quarto e a olhou reprovando; como Rose não se calou, a atendente falou alto:

— O enfermo precisa de sossego!

— Que enfermo? Este aí? Está melhor que eu!

— Rose, por favor — pediu a mãe dela. — Aqui não é lugar.

Ela se calou. A enfermeira deu um remédio a ele.

— O senhor irá dormir, procure descansar.

— Obrigado!

— Já que vai dormir, é melhor irmos embora — determinou Rose. — Papai ficou com as crianças.

— Boa noite, Elias! — a sogra se despediu.

As duas saíram.

"Senti vontade de responder, ainda bem que não o fiz. Preciso pensar no que irei fazer. Uma coisa é certa, quero agir corretamente e ser um bom pai."

Com sono, adormeceu. No outro dia levantou-se, tomou banho, alimentou-se bem. Minutos depois recebeu a visita de um dos médicos que o examinara.

— Seus exames estão todos normais — informou o clínico. — Se você está se sentindo bem, deve ir para casa. Não encontramos motivos para você ter ficado, como contou, sem conseguir se levantar. Porém... a enfermeira me contou o que ocorreu aqui ontem com sua esposa. Será, Elias, que ficou lá, neste local, sentado, porque não queria enfrentar a vida? Deu um tempo longe de tudo? Se isto ocorreu, por que motivo? Aconselho-o a procurar um psiquiatra ou psicólogo e resolver o que o incomoda.

— Vou fazer isso — decidiu Elias.

— Conheço uma psicóloga muito eficiente. Quer um cartão dela?

— Sim, por favor.

O médico lhe deu o cartão. Elias leu.

— Esta profissional tem o mesmo sobrenome que o senhor — comentou Elias ao comparar o nome no cartão com o nome do médico que estava no jaleco.

— É minha filha, porém pode ter certeza que não a recomendo por este motivo, é porque ela é mesmo dedicada e competente.

— Agradeço-o!

— O senhor está de alta, pode ir embora!

— Vou avisar minha mãe para vir me buscar. Agradeço-o novamente.

— Elias — o médico falou olhando-o —, aconselho-o a investigar o que aconteceu com você. O corte na sua testa não foi, de jeito nenhum, a causa de você ter ficado, por horas, paralisado. Não tem nada de anormal nos seus coração e cérebro. Nada que justificasse, então pode ser psíquico. Acredito que não deve se preocupar, porém aconselho-o mesmo a descobrir o que aconteceu.

O que estou querendo lhe dizer é que, inconscientemente, você preferiu se isolar, desligar-se da rotina do seu dia a dia.

Elias afirmou com a cabeça, pegou o cartão e colocou em sua carteira, que estava em cima da mesinha ao lado da cama. O médico se despediu e saiu.

"Se eu contar o que se passou comigo, aí sim que serei tachado de perturbado. Será que este médico tem razão, eu inventei tudo para fugir e ficar sozinho? Não! Creio que não. Ninguém me obriga a ficar com Rose, que, de fato, agiu de maneira insuportável. Ontem eu a escutei calado, mas não era assim; até antes de domingo eu revidava, era indelicado e grosseiro. Não me sentia infeliz para fugir da realidade. Agora tenho certeza de uma coisa: quero ser feliz com a paz que, com certeza, irei conquistar. Mudarei de atitude. Benedito afirmou que, se procurasse, encontraria quem me explicasse. Vou marcar consulta com essa psicóloga."

– Bom dia, filho! – seus pais entraram no quarto.

– Bom dia, papai! Bom dia, mamãe! Como estão? A senhora foi ao médico e verificou a pressão arterial?

– Estou bem, filho, não se preocupe conosco. Sim, fui ao cardiologista e estou controlando a pressão com medicação.

– O médico me deu alta. Vocês me levam para casa?

– Claro, filho. Vou ver se você pode mesmo sair – falou o genitor.

O pai voltou logo após.

– De fato, você pode ir embora. Você tem roupa? – perguntou o pai.

A mãe dele olhou no armário, lá estava somente a roupa que ele estava usando no domingo, a que estava vestido na Águia Dourada.

– Visto essa mesmo!

— Elias, seu irmão lhe mandou abraços, pediu para avisá-lo que, se você ficasse mais tempo no hospital, ele viria visitá-lo.

— Agradeça-o por mim, mamãe. Telefonarei para ele depois.

Contente por ir para casa, trocou-se. Estava se sentindo bem, entrou no carro e, ao chegar, convidou os pais para entrarem.

— É melhor não nos encontrarmos com Rose — comentou a mãe.

— A casa é minha também — afirmou Elias.

— Sua mãe tem razão, filho: é melhor vir visitá-lo quando ela não estiver — opinou o pai.

Elias os abraçou, beijou a mãe. Despediram-se, e ele entrou na casa. Os filhos foram correndo abraçá-lo. Ele os beijou. Rose foi vê-lo e informou:

— Vou trabalhar, e as crianças irão à escola. Tudo bem se ficar sozinho?

— Tudo bem.

Almoçaram, ele se despediu das crianças. Foi trocar de roupa e descansou um pouco. Telefonou para o irmão. Ismael quis saber como ele estava e o que acontecera com ele. Repetiu o que tinha resolvido contar.

— Saí para pescar, me perdi e vi uma ruína; curioso, quis dar uma olhada; uma tábua solta me atingiu na testa, tonteei, vi perto uma cadeira, sentei-me nela e penso que desmaiei. Quando voltei aos sentidos, não conseguia me levantar, andar e ali fiquei, dormindo e acordando até ser encontrado.

— Mano, você não acha muito estranho isto tudo? Desculpe-me, mas está difícil de acreditar. Para mim você pode falar. Esteve com Priscila?

— De fato, para você eu não mentiria, mas esta é a verdade. Não estive com a Priscila.

— Se você passou por isto, não é para fazer mais exames? — o irmão se preocupou.

— Vou consultar outro especialista. Você não quer me visitar?

— Sabe que não vou à sua casa.

— Venha então ao Bar do Zé. Podemos tomar um café – convidou Elias.

— Nós nos encontraremos lá amanhã, às quatorze horas – concordou Ismael.

Esperou ansioso as crianças voltarem da escola. Ficou na sala conversando com elas. Rose chegou e serviu o jantar, Elias a ajudou a servir e depois a retirar as louças. As crianças foram fazer as tarefas escolares, Elias ofereceu-se para ajudá-las. Manuela não tinha lição, mas quis fazer alguma coisa. Elias então pediu para a garotinha colorir uns desenhos.

— Nossa, que beleza! – elogiou-a, deixando sua caçula contente.

Com paciência, ajudou o mais velho com as lições.

Quando acabaram, ele sentou-se numa poltrona. Manuela o olhava. Elias a chamou.

— Venha cá, menininha, venha no colo do papai!

Ela foi rápido. Ele a afagou, aconchegou-a em seu colo, passou a mão em seus cabelos, a garotinha ficou quietinha.

— Papai a ama! Amo-a muito! Minha pituxinha!

Manuela sorriu feliz, aconchegou-se mais. Fingiu dormir. Elias passou a mão no seu pezinho, ela estava descalça.

"Perfeito!", pensou. "Seus pés são normais e bonitos!"

— Que pezinhos lindos tem esta gatinha!

— Gata tem patinha! – ela sorriu.

— Mas você, minha gatinha, tem pezinhos.

Ficou acariciando-a, a menininha fingiu novamente dormir, porém acabou adormecendo.

— Manu dormiu – verificou Rose –, vou levá-la para a cama.

— Espere mais um pouco, Rose – pediu Elias –, deixe-a aqui mais um pouco. – Vou amá-la sempre, filhinha! Papai promete! – sussurrou e a beijou na testa.

Manuela suspirou.

Depois Rose a pegou e a colocou na cama.

Ele e a esposa não conversaram mais. Foram dormir.

No outro dia, Elias ficou em casa; iria permanecer por uma semana, embora o médico tivesse lhe dado quinze dias de afastamento. Pela manhã, ajudou as crianças a se trocarem, brincou com elas. Rose somente olhava. Abraçou-as quando saíram para ir à escola. Rose foi trabalhar. No horário marcado, ele foi para o bar encontrar-se com o irmão. Cumprimentaram-se.

— Ismael — disse Elias —, sinto falta de você; é meu único irmão, e estamos tão separados.

— Mulheres! — exclamou Ismael. — Sei que a minha Sara é difícil, tem gênio forte, porém se dá bem com nossos pais. Já Rose não se dá com ninguém de nossa família. Quando você irá se separar dela? Mamãe me contou de seus planos. Espero que esta outra seja melhor. Você merece!

— Meu irmão, estou pensando que sou eu o mais errado nessa história.

— Casou-se com Rose porque ela ficou grávida — lembrou Ismael.

— Ela não fez o filho sozinha — concluiu Elias. — E quanto a este fato, não sei se pode-se dizer que erramos. Pensando bem, erro é fazer uma maldade. Meu filho é uma benção! De fato, comentei com mamãe que estava pensando em me separar de Rose. Porém penso que Priscila também não seria boa esposa. Aceitou ser amante de um homem casado e com filhos e com certeza não teria se envolvido comigo se eu não tivesse nenhum bem e um bom ordenado. Penso que não sei escolher.

— Puxa, Elias, você me parece diferente. O que houve com você? A pancada na cabeça o afetou? — o irmão se preocupou.

— Ismael, penso que o melhor que podemos fazer a nós mesmos é entender que cometemos equívocos e que podemos acertá-los. Rose nunca teria conseguido me afastar de minha família se eu não tivesse concordado. Se ela não é fácil, eu sou mais difícil. Eu a tratava mal, tinha amantes, e ela descontava na minha família os tratando mal.

— Nós não tivemos nada com isso — defendeu-se Ismael.

— Não tiveram, mas muitas pessoas agem assim. Não conseguem se separar, penso que é uma forma de descontar suas frustrações.

— Você está defendendo Rose? — o irmão indignou-se.

— Estou analisando a situação.

— Não esperava por isso. Rose fala mal de mamãe, de papai e de minha mulher...

— Deixemos este assunto — interrompeu Elias —, o que você falou é verdade, porém vocês também falam mal dela. Não viemos aqui para falar disto; por favor, se nos desentendermos com estes fatos, vamos acabar por discutir. Não é isto que quero. Pedi para você se encontrar comigo para lhe dizer que gosto de você, que não quero me afastar, mas, sim, me aproximar. Deixemos nossas esposas. Podemos nos encontrar sem elas e com nossos filhos. Tenho somente dois sobrinhos, seus filhos, e você é tio dos meus. Martin é seu afilhado.

— Concordo, Elias, e fico contente. Também senti nosso afastamento.

— Podemos nos encontrar no sábado pela manhã na casa de mamãe? — sugeriu Elias.

— Combinado!

Passaram a falar das lembranças da infância, da juventude e deram boas risadas.

Chegou em casa, telefonou para sua mãe e, depois de contar como estava, pediu:

— Mamãe, venha me visitar.

— A Rose, você sabe, não conversamos mais, ela me ofendeu...

— Mamãe, a casa é também minha — Elias a interrompeu.

— Por que você não me falou isto antes? Parecia concordar com ela — a mãe disse em tom de queixa.

— Mamãe, a senhora tem razão. Por comodismo, escolhi não me envolver. Não devia ter agido assim. Peço-lhe desculpas. Penso que houve excesso nas discussões; quando nós nos exaltamos, falamos quase sempre o que não sentimos, porém lembramos somente do que escutamos e infelizmente nos esquecemos do que falamos. Houve desentendimentos; de agora em diante agirei diferente. Quero ser um bom filho, compreendi que os amo e quero ser grato.

A mãe se surpreendeu, não conseguiu responder. Ficaram calados por uns instantes. Elias voltou a falar.

— Mamãe, o melhor é esquecermos tudo. A senhora e o papai estão convidados a virem à minha casa quando quiserem. Agora, estou lhe pedindo para virem me ver. Venha amanhã, com papai, à tarde. Rose estará trabalhando, porém as crianças estarão na escola. Quero meus filhos se aproximando dos avós, dos senhores. Podemos ir à sua casa, no sábado, pela manhã, eu e as crianças?

— Vou ficar muito feliz — a mãe se emocionou.

Combinaram o horário, eles viriam no dia seguinte. Seria com certeza uma visita agradável.

Quase no horário de os filhos chegarem, foi esperá-los na calçada, desceram do transporte escolar, e ele os abraçou. Entraram, e Elias quis saber deles, como havia sido a aula. Os filhos o olharam, mas crianças aceitam mais os fatos com maturidade, principalmente as coisas boas, sempre sem questionar. Alegres, contaram fatos, riram, o pai ajudou-os a se banhar e, quando Rose chegou, eles a esperavam para o jantar. Depois ele ajudou com as lições de casa. Manuela não tinha tarefa, mas quis participar, queria ficar perto do pai, então Elias fez um desenho e, como tarefa, ela tinha de colorir.

— Isso mesmo, Manu, pegue agora o lápis amarelo e colora esta flor. Assim, devagar.

Colocou-os depois para dormir. Rose aproximou-se.

— Não sei qual é a sua. Está se fazendo de bonzinho para evitar me dar satisfação? Sabe que eu tenho razão. Você é um irresponsável e...

— Rose! — Elias a interrompeu, respirou fundo e se expressou: — Sei que tem razão, de fato não deveria ter ido pescar. O que contei foi o que aconteceu, falei a verdade. Não quero discutir com você e não estou dando uma de bonzinho para fugir de uma conversa. Somente não quero voltar a este assunto, a não ser que tenha algo de novo para falar; já deu sua opinião sobre o que ocorreu no hospital – ia se exaltar, mas se conteve. – Quero conversar com você, sim, mas não para escutar críticas, porque você já as fez. Vamos esquecer este assunto; somente quero dizer, repetir, que foi verdade e que pensei que ia morrer ou que sofrera algo mais grave. Não quis preocupá-la.

— Não me preocupou, senti raiva! — Rose se exaltou.

— Espero que passe, não é bom ficar raivosa. Vou dormir!

Foi para o quarto e a escutou resmungar.

"Ela não sossegará até me dizer tudo o que está sentindo, me xingar. Vou voltar e escutá-la, talvez se ela falar tudo o que está guardando, a raiva passe."

Voltou à sala.

— Sente-se aqui, por favor, Rose, vou escutá-la; somente lhe peço para não falar alto para não acordar as crianças.

Ela o olhou, estranhou. Normalmente, quando começavam a conversar, se exaltavam e acabava em gritos e ofensas.

— É que achei o cúmulo, desaforo, você ir pescar e me deixar com as crianças...

Repetiu o que já dissera, Elias ficou calado, abaixou a cabeça e somente interferiu quando ela aumentou o tom de voz.

— Rose, por favor, fale mais baixo.

— Qual é a sua, Li? Realmente não estou entendendo.

— Você tem razão, Rose — Elias concordou falando em tom mais baixo. — Fiz o que falou, deixei-a com as crianças, saí sozinho, mas o que contei foi o que aconteceu, não me encontrei com ninguém, não fiz nada de errado.

— Você está concordando comigo?! Incrível!

— Por quê? Você acha ou não que tem razão?

— Com certeza tenho! — afirmou Rose.

— Vou dormir. Boa noite!

Elias tomou seu remédio, acomodou-se e adormeceu.

No outro dia, telefonou para a psicóloga Heloísa e marcou uma consulta para terça-feira, às dezoito horas.

"Faço menos horas de almoço, saio antes das dezoito horas e vou à consulta."

Avisou Rose.

— Você vai mesmo se consultar? — ela se admirou.

— Sim, irei — respondeu.

À tarde seus pais foram visitá-lo, mas não se sentiram à vontade. Elias os agradou.

"Foram muitas discussões", pensou Elias; "meus pais acham que Rose me trata mal, ela os despreza, e eu, por comodidade, fiquei neutro. Ainda tem tempo, posso ser bom filho."

Serviu café e conversaram bastante. Eles foram embora contentes pelos agrados do filho. A empregada não comentou, embora demonstrasse estar curiosa.

No outro dia, assim que a empregada chegou, contou para Rose da visita que o marido recebera.

— Seus pais estiveram aqui? — Rose estava curiosa.

— Sim, vieram me visitar.

— Sua mãe prometeu não vir mais aqui — ela lembrou.

— Rose, esta casa é nossa, e tenho direito tanto quanto você de receber quem eu quiser. Ainda bem que mamãe não cumpriu o que prometeu. Sinto falta dos meus pais. Pense Rose, como iria se sentir se nosso filho se casasse e você fosse proibida de ir à casa dele.

— Eu nunca agiria como sua mãe — ela tentou se justificar.

— Você defenderia ou não Martin? Meus pais virão aqui quando quiserem e com certeza o farão quando você estiver ausente. Sábado, como prometido, ficarei com as crianças. Iremos à casa de meus pais e passaremos o dia lá.

Elias deu por encerrada a conversa e saiu da sala.

No sábado, pela manhã, entusiasmado e entusiasmando, foi com os filhos à casa de seus pais. Os avós saudosos agradaram as crianças. Ismael foi também, e os primos se divertiram. O almoço foi uma festa. Elias ajudou os pais na cozinha. Voltaram à tarde; quando chegaram, Rose os estava esperando e não fez comentários. Elias ajudou-os no banho.

— Vamos comer uma pizza? — convidou Elias.

Rose foi com eles que, alegres, comentaram as proezas que fizeram na casa dos avós.

— Agora, Rose — informou Elias —, todos os sábados irei à casa de mamãe e levarei as crianças.

Domingo foram almoçar na casa dos pais de Rose. Elias se esforçou, foi educado e elogiou a comida. Ficou à tarde em casa com os filhos, assistiram um filme, o que eles quiseram, jogaram e brincaram.

"Em outros domingos, ia dormir ou assistir algo na televisão do quarto e às vezes descia à sala para chamar atenção das crianças por elas estarem brigando ou fazendo muito barulho. Gostei de ficar com eles. Será assim todos os sábados e domingos."

Foi, na segunda-feira cedo, trabalhar; os colegas o cumprimentaram e, curiosos, quiseram saber o que acontecera; ele explicou sem muitos detalhes. Seu chefe foi vê-lo e saber se ele estava bem. O médico lhe dera quinze dias de afastamento. Ele explicou que se sentia bem e que estava apto a trabalhar.

— Estou me sentindo bem e voltando ao trabalho! — repetiu muitas vezes ao ser questionado.

Foi antes do almoço que Priscila o chamou para conversar. Ela trabalhava na mesma firma, mas em outro setor. Eram amantes havia três anos. Elias estava realmente pensando em se separar de Rose e ficar com ela e já a havia apresentado à sua família. Seus pais não opinaram, mas Ismael aprovou. Foram a uma sala reservada. Assim que fechou a porta, Priscila tentou abraçá-lo, e Elias a afastou.

— Elias, fiquei preocupada. Você nem me telefonou. Foi sua mãe quem me deu notícias suas.

— Estou bem...

— Com saudades? Senti muita de você — disse Priscila toda dengosa.

— Pri, precisamos conversar.

— Sim, querido!

Elias afastou-se dela novamente.

— Quero terminar nosso envolvimento.

— O quê? Repita! — Priscila pareceu não entender.

— Estive pensando e escolhi ficar com minha família.

— Com Rose? Você pirou? Está bem?

— Sim, estou me sentindo bem. É que não consigo ficar sem meus filhos — Elias tentou explicar.

— Não estou acreditando.

Elias repetiu.

— Está me descartando como uma roupa velha! — a moça indignou-se.

— Não entenda assim, estou sendo sincero. Se não quero mais sair de casa, separar-me de meus filhos, não quero também empatar você. Estamos realmente nos separando.

Priscila falou alto, xingou-o, tentou ofendê-lo.

"Está agindo como Rose, faz o que eu sempre disse não gostar numa pessoa."

Elias escutou calado, e isto a exaltou mais.

– Por favor, Pri – pediu ele –, fale mais baixo.

Ela percebeu que estava fazendo um escândalo e que os colegas poderiam escutá-la.

– Espero Elias, que tenha pensado bem, porque não vou ficar chorando por você, com certeza arrumarei outro logo. Ouviu?

– Sim – Elias foi lacônico.

– "Sim" o quê?

Ele não sabia o que responder. Não queria ofendê-la.

– Desculpe-me, Pri, é que... Eu sou o único errado. De fato, não menti, pensava mesmo em me separar de Rose e que, após a viagem, me separaria. Mas... houve o acidente, entendi então que não conseguiria viver sem meus filhos.

– Não o desculpo! Nunca! Ouviu bem? Está me perdendo para sempre. Entendeu? – Priscila tremia de indignação.

– Sim!

– "Sim" o quê? – Priscila se enfureceu.

Elias temeu que ela o agredisse fisicamente.

– Eu entendi – disse baixinho.

Priscila o xingou, porém o fez em tom baixo. Saiu da sala batendo a porta com força. Ele voltou ao trabalho; no horário do almoço, fez a refeição na cantina e procurou ficar sozinho.

"Conheci Pri aqui quando ela veio trabalhar na firma. Já tinha tido antes outras amantes. Ela sabia que eu era casado, nos envolvemos, e, de fato, estava pensando em me separar para ficar com ela. Pela atitude de Priscila agora, tenho certeza de que estaria somente trocando de endereço. Não a amo, percebi isto quando ela se exaltou. Priscila tem razão de se aborrecer, sentiu-se com certeza traída. Sinto que a atitude dela não é a de alguém que sofre, é de quem ficou irada por não ter dado certo algo que planejara. Tomara que não sofra."

Todos na seção ficaram sabendo, mas não comentaram nada com ele.

Na terça-feira fez menos horário de almoço, saiu mais cedo e foi à consulta com a psicóloga.

Ele preencheu a ficha e ficou sentado calado, estava inseguro. Ela perguntou:

— Por que veio aqui, Elias?

Ele repetiu o que já dissera inúmeras vezes.

— Você sabe por que ficou sem poder se levantar? Se quer que eu o ajude, me diga. Se foi para fugir de problemas, estou aqui para ajudá-lo.

— Você acredita em outras vidas? Na reencarnação? – questionou ele.

— Sou reencarnacionista. Sim, acredito.

— Sendo assim...

Elias fez uma pausa e lembrou que Benedito afirmara que iria encontrar pessoas que acreditariam nele.

— Quando vi aquelas ruínas, tive a sensação de que vivera ali e, ao entrar, as lembranças vieram. Já estive encarnado naquele lugar, pelo menos é o que penso. Não sei se isto é possível.

— Eu acredito que seja possível – afirmou a psicóloga.

Heloísa fez várias perguntas, e Elias se sentiu à vontade em responder porque entendeu que a psicóloga acreditava nele. Gostou dela.

— Parece que esse espírito, o desencarnado que viu, ouviu, com certeza conseguiu ajudá-lo – concluiu a profissional.

— Foi isso mesmo – concordou Elias. — Nas minhas recordações, eu, numa época, o ajudei, e ele, grato, quis e pôde agora me auxiliar. Estava me perdendo, cometendo equívocos. Este espírito tentou me alertar e fazer entender que tinha de mudar minhas atitudes.

Contou para Heloísa que ia se separar da esposa para ficar com outra pessoa e que entendera, quando terminou com ela, que não seria feliz nesse relacionamento.

A consulta passou rápido, e ele marcou o retorno para a terça-feira seguinte.

— Elias, coordeno um grupo em que nos encontramos todos os primeiros sábados do mês. As pessoas que frequentam recordaram ou têm lembranças de suas outras encarnações. Se você quiser participar, basta vir, está convidado. Verá que não é o único que teve estas recordações. Quer vir?

— Quero! Se entender bem este fato, com certeza ficarei mais seguro. Quero muito compreender. — Elias se tranquilizou.

"Ainda bem que vim", concluiu.

Chegou em casa, jantou e percebeu que Rose queria lhe falar.

— O que foi, Rose?

— É que... bem... Fernanda me contou que você discutiu com aquela moça. Terminaram? — Rose perguntou.

"Como fofocam! Com certeza todos ficaram sabendo e agora eu estou sabendo que era Fernanda quem contava tudo o que acontecia comigo e Priscila para Rose."

— Sim, é verdade — respondeu tranquilo.

Sentiu que a esposa queria saber mais, porém Elias comentou que gostara da psicóloga e que iria todas as terças-feiras.

Todas as sextas-feiras, no final do expediente, um grupo, quase todos os funcionários da empresa, reuniam-se, iam tomar cervejas e comer petiscos em algum bar da região e fofocavam. Elias avisou aos colegas que não iria. Primeiro deu a desculpa, embora fosse verdade, de que estava tomando uma medicação e que não poderia tomar nada de álcool. Realmente estava ainda se medicando com um remédio para dormir. Depois, preferiu ser sincero.

— Não vou mais sair às sextas-feiras. Gosto da companhia de vocês, mas quero ir para casa e ficar com os meus filhos.

Há tempos saía com os colegas, todos queriam ir porque quem não fosse era o alvo das fofocas. Era aquele "gosto do Fulano, mas ele é...", "não é para falar mal, mas Cicrano é...".

"Não quero mais isso, estar num grupo para criticar outras pessoas e não vou me embriagar mais. Não me importo se falarão de mim. Realmente não vou mais a estes encontros. Comentarão de mim umas duas ou três vezes e depois não terão mais assunto."

O que acontecia era que, após esses encontros, ele ficava com Priscila e chegava em casa de madrugada.

No final do expediente de sexta-feira, Priscila deixou uma caixa em sua mesa de trabalho e falou alto para todos da sala ouvirem.

— Estou saindo com o doutor Guilherme. Está sendo ótimo! Ele é solteiro e sem filhos. Aqui estão suas tralhas.

Elias pegou a caixa.

— Obrigado, Pri, espero que tudo dê certo para você e que seja feliz.

— Serei!

Ela saiu furiosa. Na caixa estavam alguns pertences seus que ficavam no apartamento dela: duas camisas, pijama, camisetas, bermudas e aparelho de barbear.

Elias deu o pacote para o porteiro.

— Fique com o que quiser e servir, o resto coloque no lixo.

Rose estranhou vê-lo chegar cedo em casa.

— Não irei mais às reuniões. Não mais! Vocês já jantaram?

— Lanchamos — informou o filho.

— Vamos a uma pizzaria.

As crianças gostaram, e ele entendeu que estar com elas era bem melhor do que com os colegas.

No sábado, foi com os filhos à casa de seus pais e depois os levou a um parque. Voltaram à tardinha, e Rose comentou:

– Fiquei em casa organizando os armários.

No domingo, foram almoçar num restaurante com os pais de Rose.

Na terça-feira, na consulta, tirou dúvidas e entendeu que de fato a psicóloga o estava ajudando.

Decidiu ir à reunião no sábado. Pediu à mãe para ficar com os filhos. Os avós estavam contentes por ficarem com os netos, e estes mais ainda por ir à casa dos avós paternos.

Ele aguardou ansioso pelo encontro. Sentia muita vontade de ir e conhecer outras pessoas que tiveram, como ele, recordações de suas outras existências.

12º CAPÍTULO

O ENCONTRO

Elias pediu para a mãe ficar com as crianças e explicou o porquê.

— Mamãe, vou a um encontro com um grupo que a psicóloga, a que está me tratando, coordena.

— Fico com meus netos, com alegria. Estou gostando tanto de ver vocês no sábado, espero que esta fase não passe. Antes, para vê-los, tinha de implorar.

— Aquela fase passou, agora será sempre assim. Não quero me afastar dos senhores.

Levantou cedo no sábado, acordou as crianças às oito horas. Já havia arrumado, na sexta-feira à noite, tudo o que levaria para as crianças; trocou a caçula, ajudou os mais velhos, tomaram o desjejum e saíram, deixando Rose dormindo.

Deixou os filhos na casa de seus pais e foi para o local do encontro. Era na sala da psicóloga. Ela fez um círculo de cadeiras.

Cumprimentaram-se carinhosamente, eram nove pessoas. Heloísa apresentou Elias:

— Caro Elias, nos reunimos porque todos aqui tiveram lembranças de vidas passadas. Advirto-os de que este encontro não é para recordar, é somente para falar sobre o que já se recordou e escutar os demais para que fiquem resolvidos os problemas que tiveram ou têm por estas lembranças. Cada um de nós recordou de um modo. O objetivo de nos reunirmos, uma vez por mês, é principalmente para estudar este fenômeno de ter lembranças de outras existências. Acreditamos que aqueles que tiveram esse tipo de experiência não estão necessariamente passando por alguma perturbação psíquica e que são pessoas que levam uma vida normal. Por algum motivo, recordaram. E temos que entender de que forma estas lembranças podem nos ajudar.

Letícia foi convidada a falar. Elias a observou: ela era franzina, usava óculos, vestia-se de forma simples e dava a impressão de que não se preocupava com a estética nem com a vestimenta. Ao ser citada, sorriu e contou:

— Desde pequena, sonhava que caía de um lugar alto e acordava aflita ou chorando; na adolescência piorou, pelo menos uma vez por mês tinha este pesadelo, que começou a ter mais e mais cenas. No meu sonho, eu era pequena, talvez de oito a dez anos, vestia roupas simples, pesadas, agasalhos, então deduzi que era inverno. Estava suja, cabelos empastados, caminhava pelo campo, chão de terra, vegetação baixa porque havia muitas pedras. Chegava perto de um buraco, escutava gritos, olhava para baixo, o buraco me assustava, sentia então alguém me empurrar com força e caía. Às vezes, nestas quedas, o fazia

VERA LÚCIA MARINZECK DE CARVALHO ditado por ANTÔNIO CARLOS

gritando; em outros pesadelos, não. Comecei, nestes sonhos, a ver um homem de expressão triste, sofrida, a me empurrar. Este fato começou a influenciar minha vida: não estava bem, estava com medo de tudo e todos, sentia pânico de alguém me empurrar. Estava difícil para mim até ficar em fila de ônibus; pensava, apavorada, que alguém ia me empurrar debaixo do veículo. Se tivesse de ficar num sobrado ou num prédio, ficava longe das janelas. Minha mãe estava com muitos problemas com meu pai doente e quando ele faleceu foi que ela prestou atenção em mim. Mamãe decidiu que eu tinha de saber, entender o porquê desses pesadelos. Graças a Deus viemos consultar Heloísa, que me atendeu em várias sessões sem cobrar porque não podíamos, e ainda não posso, pagar. Comecei me recordando de minha infância, e Heloísa concluiu que nada nesta existência acontecera comigo: não caíra, não havia ido a um lugar como o que eu descrevia nos pesadelos; nossa psicóloga me fez recordar de minha outra existência. Um espírito bom que ajuda Heloísa nos auxiliou e aí tive a história toda. Morávamos num pequeno sítio, numa casa simples, meus pais e uma irmã dois anos mais nova que eu. Estava com nove anos. Por uma disputa entre poderosos, houve um confronto armado entre opositores. Como sempre acontece, mesmo não tendo nada a ver com isto, estávamos sofrendo. Meus pais estavam muito preocupados, um grupo armado passaria por lá, onde morávamos, e a notícia era de que eles depredavam; alimentavam-se do que encontravam, destruindo tudo; usavam da tortura para matar os homens; e estupravam as mulheres e meninas. Não tínhamos como fugir, os dois grupos eram violentos. O transporte deixou de funcionar, os moradores da cidade vizinha, inseguros, tinham ido, a maioria, para a outra maior. Nós não tínhamos condução, o cavalo e a charrete que papai possuía, outro grupo tinha levado dois meses antes. Com a aproximação deles, meus pais resolveram morrer, todos nós juntos, para que nós, suas filhas, não fôssemos estupradas e mortas de maneira violenta. Meu pai tinha somente uma espingarda como arma, ele a carregou e fomos nós quatro para o desfiladeiro, que ficava de uns quarenta minutos a uma hora de caminhada. Conhecia o local, era bonito, íamos às vezes passear lá, e mamãe não deixava minha irmã e eu chegarmos perto. Desta vez, nos aproximamos; meu pai pegou minha irmã e a jogou; eu me assustei, ia correr, mas ele me empurrou com força, e caí nas pedras. Mamãe caiu em seguida. Papai ficou atrás de uma pedra; duas horas depois, um grupo de soldados se aproximou, estavam nos procurando; ele atirou, ferindo um homem; eles atiraram; papai atirou no grupo até descarregar sua arma, recebeu vários tiros e faleceu. Eles não profanaram nossos cadáveres por estarem despedaçados e num local de difícil acesso.

Letícia fez uma pausa, enxugou o rosto banhado de lágrimas e finalizou:

— Não fui jogada do penhasco por maldade; este homem, meu pai, sofreu muito ao decidir cometer este ato. Ele até pensou em nos matar com tiros, porém soube que eles profanavam cadáveres, tendo relações sexuais. Decidiram os dois, papai e mamãe, cometer este ato. Mas ele quis ferir, matar alguns homens, na tentativa de contê-los, porque eles iriam à cidade. Realmente os dois sofreram demais e tentaram, da forma deles, impedir que fôssemos humilhadas, que sofrêssemos uma violência cruel. Depois que compreendi estes pesadelos não os tive mais, meu medo de altura acabou, estou bem e em paz. Tenho orado por este casal e rogo a Deus que estejam bem. Sei, sinto que ninguém irá me empurrar e que não devo julgar ninguém pelos atos sem entender. Eu, que sempre pensei ter sido vítima de uma maldade, que um criminoso me assassinara, entendi o que ocorrera e que meu pai, certo ou não, me jogou do penhasco por um ato de amor. Como a guerra é absurda! Cruel! Como desavenças trazem sofrimentos! Estes homens, com certeza, se não fosse por essa guerra, não fariam esses atos cruéis; penso que eram pessoas trabalhadeiras, tinham suas vidas, talvez esposa e filhos e, ao encontrar pessoas do lado contrário ou neutras, como éramos, agiam com maldade. Como terá sido suas vidas depois que a disputa terminou? Como lidaram com estas lembranças? E o que aconteceu com eles quando desencarnaram? Como estar numa guerra é difícil! Sinto-me bem, em paz ao contar para vocês, que acreditam em reencarnação, este fato. Com certeza, não terei mais estes pesadelos, mas, se os tiver, será um sonho do qual, ao acordar, irei orar e agradecer a Deus por ter sido amada e por ser amada. Depois que me senti bem, conversei com Deus e perguntei ao Pai Amoroso: "O que quer que eu faça da minha vida?". Senti dentro de mim a resposta: "Ame!". É isto o que farei: vou aprender a amar todos como filhos de Deus. Obrigada por me escutar, sinto-me aliviada, segura quando falo sobre isto.

Letícia deu por encerrada sua história.

– Vamos agora escutar Murilo – informou Heloísa.

Todos olharam para Murilo, Elias também o fez e o observou, com certeza ele era conhecido dos outros, ele o estava conhecendo no encontro. Era elegante, embora se vestisse com simplicidade; devia ter quarenta anos, em suas têmporas havia cabelos brancos, era de estatura mediana, nem gordo nem magro. Sorriu ao ser observado.

— Comecei a ter lembranças do passado em sonhos — Murilo começou sua narrativa. — Quando era pequeno, afirmava que queria ser padre. Sonhava muito que era um padre alto, usava vestes pretas e andava com passos firmes pelos corredores. Mamãe dizia que eu sonhava pela minha vontade de ser um sacerdote, por ter vocação. Minha família não era muito religiosa e meu pai deixou claro que preferia que eu fosse outra coisa, que escolhesse uma profissão e esquecesse o convento. Ia às missas e me imaginava celebrando-as e, de repente, me via celebrando. Na adolescência, percebi que o padre que eu via nas minhas lembranças era fisicamente diferente de como sou e que ele não estava feliz, mas amargurado. Passei a ver, na época não entendia, cenas na minha mente, era como se eu lembrasse o que fizera no dia anterior. Passei a recordar de uma moça vestida com roupas que se usavam no início do século passado e que amei. Tanto sonhava como me via trabalhando numa horta, plantando, colhendo e aguando. Via-me com um nenê nos braços. Contava somente para a minha mãe, e ela afirmava que eu era muito criativo, imaginava coisas e que não deveria dar importância. Não dei. Com dezoito anos fui para o convento. Lá, fui assediado sexualmente, e entendi com muita tristeza que ali sexo era algo praticado, embora bem escondido. Não era isto que queria para mim. Saí, procurei outra ordem mais rígida e voltei para o convento. Contente, me encontrei, esta era enérgica mesmo. Passei a estudar com dedicação. Sempre gostei de estudar. Neste período os sonhos deram uma trégua. Mas via sempre as imagens de um monge alto, magro, andando pelos corredores.

Murilo fez uma pausa, suspirou e, após, continuou sua narrativa.

– Comecei a meditar sobre o que estudava e comecei a discordar de certos dogmas. No começo não comentei, depois passei a fazê-lo, fui repreendido. Não concordava com várias coisas, como por exemplo que Maria era mãe de Deus: para mim ela é genitora de Jesus. Acreditava que somente Deus pode nos perdoar e aquele que foi ofendido, e não um sacerdote, e que mesmo perdoado, o ato equivocado, que chamam de "pecado", existiu e tinha de ser reparado; que pedir perdão é reconhecer o erro a ponto de não cometê-lo novamente e de saber que, se voltasse no tempo, não faria o ato errado; que o pedido de desculpas não anula o que se fez e que terá o retorno. Tudo para nós volta, nossas ações boas ou não. Fui seriamente repreendido e fiquei infeliz. Não queria ser desonesto e pregar algo com que discordava. Três sacerdotes tentaram me exorcizar. Porém não encontraram nenhum espírito maligno comigo. Este fato me fez ter maiores indecisões e me fez pensar mais. Deus nos criou e ama a todos, não amaria um espírito rebelde? Como castigar alguém ao inferno eterno, se ama? Pedi para sair do convento. O processo ia demorar, resolvi ir embora e fui ameaçado com a excomunhão. Piorou: Como podia alguém excomungar outra pessoa? Fui para casa de meus pais e encontrei meu pai muito doente. Cuidei dele. Tentei ser útil. Compreendi que era isto que queria, que deveria fazer, ser útil. Meu pai mudou de plano, faleceu, desencarnou; mamãe, duas semanas depois, quis visitar a irmã dela que estava enferma. Fui com ela para lá, um sítio; ajudei meu tio na horta, trabalhei bastante, e mamãe cuidou da irmã e da casa dela. O casal gostou muito e foi grato pela ajuda. Foi trabalhando na horta que as recordações de minha outra vida vieram nítidas. Cada vez que eu conto, esta é a segunda vez que falo aqui, somente duas pessoas aqui presentes já me escutaram, acabo recordando de mais fatos.

Murilo fez outra pausa; vendo todos interessados, voltou a falar.

– Antes de contar minhas lembranças vou relatar o que aconteceu comigo. Ficamos três meses, mamãe e eu, na casa da minha tia e, com ela recuperada, voltamos para casa. Decidi não voltar mais para o convento. Estudara muito, mas não tinha nenhum diploma. Fui procurar emprego. Passei por dois e foi no terceiro que deu certo. Gosto de trabalhar, ser útil e ganho razoavelmente bem. Conheci Suzane, começamos a namorar, e ela me contou que não podia ter filhos porque teve de retirar o útero com dezoito anos. Gostamos um do outro, nos entendemos, casamos e adotamos três crianças. Não recebi a excomunhão, mas as dúvidas continuavam. Procurei e normalmente quem procura acha, encontrei na Doutrina Espírita respostas coerentes que me fizeram compreender melhor a vida. Como isto me fez bem! Quando comecei a namorar Suzane, ela havia feito um tratamento com a nossa psicóloga Heloísa porque se sentia culpada por não ser mãe biológica. Esta terapia fez muito bem a ela. Suzane me aconselhou a consultá-la para que eu entendesse minhas lembranças. Fui ajudado e venho de vez em quando na reunião para contar minha vida e tentar auxiliar outras pessoas que enfrentam o mesmo problema que tive. Porque conviver, sem entender, com lembranças de outras existências, para muitos, não é fácil, não foi para mim.

Outra pausa.

— Vou agora contar o que recordei. Minhas lembranças começam comigo menino, de família muito religiosa, ia muito à igreja. Falava, porém nem sabia ao certo, que queria ser padre e fui incentivado. Escutava de minha mãe que ter um padre na família era uma garantia de ir para o céu, principalmente para os pais. Papai me motivou: "Meu filho, padres não são pobres, moram bem, alimentam-se com banquetes, não trabalham pesado". Meu irmão tentou me alertar: "Não poderá se casar, ter família, é muito ruim viver num convento, num mosteiro. Se você se apaixonar, já era!". Queria mesmo ir, mas o que realmente me fez ir foi a vontade de estudar. Adolescente, fui para o convento. Para mim, lá havia coisas boas e outras nem tanto. Meu pai tinha razão, tinha um quarto confortável só para mim, me alimentava bem e estudava, era bom aluno. Fui ordenado sacerdote. Todos os meus irmãos se casaram, e meus pais morreram. Foi neste período que senti um vazio interior. Tinha poucos trabalhos para fazer, andava muito pelos corredores, desejava fazer alguma coisa, não queria ficar somente orando. Estava infeliz. Pedi uma paróquia, então fui transferido para uma cidade distante; lá me senti melhor, escrevia raramente para meus irmãos, e eles me respondiam menos ainda. Desliguei-me da família. O lugar a que fui era muito diferente do que vivera até então. Estranhei, demorei para me acostumar. Na cidade, moravam três famílias importantes que mandavam em tudo e em todos. Eu atendia a todos em confissões, celebrava missas, administrava sacramentos. Conheci pessoas, tentei ser bom para elas. Agora, ao contar, estou lembrando que o pároco que fui substituir por estar idoso quis e foi morar no convento, mas me ajudou na adaptação ficando comigo por trinta dias. Ele me apresentou aos moradores do local e me deu informações sobre eles e de como deveria agir. O fato era que teria de concordar com as pessoas ricas, atendê-las e fazer o que elas queriam. Agi como me fora recomendado, também porque meu superior me dera esta ordem. Não questionava naquela época o que me era ordenado. "Está tudo certo", pensava. Eram as mulheres que frequentavam mais as igrejas e confessavam. Algumas sempre com os mesmos pecados. Uma vez indaguei a uma delas: "Por que a senhora comete sempre o mesmo pecado e confessa toda semana?". Ela respondeu: "Sou fraca e gosto de fazer isso, porém não posso deixar de me confessar. E se morrer com este pecado, sem confessar, falecer de repente e ir para o inferno? Não quero isto para mim. Se tenho a oportunidade de ser absolvida, por que não usar disto?". Outra vez, um senhor, um das famílias dos ricos, ficou muito doente, e eu fui chamado. Este senhor cometera muitos erros, fizera muitos pecados e alguns graves. Absolvi-os e lhe dei a comunhão e a extrema-unção. Naquele dia fiquei amargurado. "Como posso eu, como sacerdote, perdoar tantos pecados e, em nome de Deus? Ele fez estas maldades e pronto? Tudo certo porque um sacerdote o perdoou? Isto é justo? Pecou e foi absolvido? Quem sou eu para perdoá-lo? Deus é justo permitindo isto?" O senhor melhorou por três semanas, depois piorou de novo, fui chamado novamente, e o enfermo me disse: "Não cometi mais pecado, estou enfermo, quero que recomende minha alma; se morrer, quero ir para o céu". Novamente lhe dei os sacramentos. Morreu no dia seguinte, foi sepultado com honras. Resolvi não pensar nesta absolvição; com certeza, como normalmente acontece, preferi não pensar no que me incomodava. Foi atualmente, nesta encarnação, que realmente não aceitei certos dogmas da igreja, me incomodava por ter de administrá-los. Voltando às minhas lembranças, as que tive de minha outra existência, quatro meses depois que esse senhor desencarnara, sonhei com ele, me apareceu em estado lastimável e me acusou: "Estou sofrendo muito, capetas me perseguem, almas penadas que querem vingança me atormentam. O senhor não ia me mandar para o céu? Paguei por isto. O senhor não fez a coisa certa. Responda, seu padre fajuto: Por que não fui para o céu? Não me absolveu dos meus pecados? Não me perdoou? Não paguei pelas missas e dei dinheiro para Deus, para a igreja? O senhor afirmou que eu ia para o céu! Por que não fui?". Xingou-me. Acordei apavorado, suando, recordo-me que preferi pensar que fora um pesadelo, mas orei por ele e pelas almas que o perseguiam. Não recordo se sonhei de novo. Conheci uma moça, achei-a linda. Ela não se confessava, mas ia muito à igreja. Interessei-me por ela, lhe dava atenção, conversava e, um dia, estando sozinhos nós dois na sacristia, a beijei. Depois fiquei inquieto, aborreci-me e me senti infeliz porque entendi que a amava. Ela era filha única, a mãe havia falecido, e ela morava com o pai num pequeno sítio deles. Fui visitá-la, sabia que à tarde esta jovem estava sozinha. Tornamo-nos amantes. Sofri e ao mesmo tempo me sentia feliz, amava e era amado, mas estava pecando e não sabia o que fazer. Meus pensamentos eram controversos, achava que deveria pedir para o meu superior me transferir, ir embora dali e não vê-la mais ou abandonar o sacerdócio e ficar com ela. Porém pensava demais nesta moça e compreendi a preocupação de meu irmão quando fui para o convento, que iria sentir falta de um lar, esposa e filhos. Fui ao sítio para me encontrar com ela e naquela tarde fui recebido pelo pai dela. Ele me esperava e me disse: "Senhor, minha filha me contou que o tem recebido aqui em casa", ele gaguejou, "ela está grávida! É isto, espera uma criança". Abaixou a cabeça e chorou. Fiquei petrificado, sabia o que era para uma moça ser mãe solteira, o preconceito que enfrentaria. O problema não era somente dela, ninguém faz um filho sozinho. Esforcei-me para falar, consegui balbuciar: "Não vou abandoná-la! Preciso pensar". Levantei e fui embora. Andava a cavalo, a paróquia tinha três cavalos bons. Falei para minha empregada, ou da casa paroquial, que não estava me sentindo bem e que ia descansar. Fui pensar. Recordo que me ajoelhei em frente a uma imagem de Nossa Senhora e orei, clamei por ajuda e chorei. Gostava de ser padre, mas gostava dela também e, pela minha criação e conceitos, não deveria abandoná-la. Mas como sair da igreja? Fiquei a tarde toda no quarto; no outro dia, fui à casa dela e a encontrei sozinha. Compreendi que a amava. "Vou sair da igreja", afirmei. "Assumirei esta criança. Fico com você!" Abraçamo-nos. Ela ficou aliviada. Voltei para casa e continuei sem saber como fazer. A mulher que fazia o serviço da casa paroquial trabalhara antes para o padre que substituí, era uma boa pessoa; ao me ver preocupado, me indagou, e eu contei o que estava acontecendo. "Eu já sabia do seu envolvimento com esta moça, sei também de outros padres, o antigo sacerdote tinha uma amante, mas esta mulher era mais velha e não teve filhos. O senhor deve ter cuidado para falar com o bispo. Ele pode não gostar." "Penso em ir amanhã, pedir para ser recebido e contar tudo para ele, que quero sair da igreja." "Não faça isto!", ela me advertiu. "O senhor sabe que o bispo está tendo problemas. Não me olhe com esta cara de surpreso, claro que escuto conversas, sou curiosa. O senhor pode ir e não voltar, ficar preso no convento. Mande um mensageiro, escreva uma carta e vá embora desta casa." Pensei novamente. O bispo estava sendo investigado por ter sumido dinheiro da diocese. A bondosa funcionária tinha razão: mesmo sem ter ido à diocese, talvez levasse a culpa de tudo de errado que acontecia lá ou ficasse preso para criar juízo como sabia que acontecia. Resolvi escrever uma carta. Lembro que escrevi várias até que resolvi enviar. Chamei um mocinho para ir no outro dia levar a missiva e esperar pela resposta hospedado numa pousada, ele foi com um cavalo da paróquia.

Murilo fez uma pausa na narrativa, tomou água. Ele às vezes se emocionava; em outras dissertava como se fosse uma história. Retornou a falar de suas lembranças.

— O garoto mensageiro voltou dois dias depois com a resposta. Por mais que me esforce, não consigo me lembrar o que estava escrito nesta missiva, deve ter sido algo grave, porque larguei tudo, peguei somente algumas roupas, saí e fui a pé para a casa dela. Passei a morar no sítio como se fosse o marido dela. Dez dias depois, veio outro padre para ocupar o lugar que fora meu e a notícia de que eu seria excomungado. Senti por isto, acreditava que a igreja tinha este poder. Passei a trabalhar cultivando a terra, tendo boas ideias, fiz o pequeno sítio ser produtivo. O nenê nasceu, uma linda menina e junto recebi a excomunhão. Lembro de trabalhar muito e nós dois sermos felizes, éramos pobres, mas não nos faltava nada. Penso que havia muitos comentários sobre este fato, deve ter sido um escândalo eu ter abandonado a batina para ficar com uma mulher. Meu sogro era quem atendia as pessoas, ia à cidade, vendia e comprava coisas, fiquei retraído. Não tivemos mais filhos; por mais que tente me lembrar, não consigo saber o porquê. Penso que eu talvez fosse estéril ou, pelo parto difícil, ela não pudesse ter mais filhos. Acredito que vivi um período tranquilo alguns anos. Recordo-me que ela morreu, se feriu com a enxada quando carpia o quintal. O ferimento infeccionou, ela sofreu muito e desencarnou. Era jovem ainda porque me lembro de nossa filha pequena, talvez com oito anos. Meu sogro e eu cuidamos da menina com muito amor. Minha filha estava com doze anos quando, por uma gripe forte, também faleceu. Lembro que foram muitas pessoas por ali que morreram. Recordo ter sofrido e meu sogro também; continuamos a trabalhar mais para nos distrair, não tínhamos mais objetivos. Recordo-me ter envelhecido, meu sogro deve ter morrido porque me vejo sozinho. Não sei como desencarnei, como meu corpo físico morreu, penso que deve ter sido de repente porque não recordo ter ficado doente. Minhas lembranças encarnado acabaram aí, mas lembro ter ido para um local agradável e ter conversado com meu sogro e ele ter me dado a notícia de que minha esposa e filha tinham voltado a vestir outros corpos de carne, reencarnaram. Ele deve ter me ajudado, me sentia bem, o indaguei sobre a minha excomunhão e lembro bem da sua resposta: "Isto foi algo dos homens e não de Deus". Porém soube de algo, minha filha não era minha biológica. Meu sogro me pediu perdão ao me contar: "Minha filha amava muito um moço de uma das famílias ricas. Os dois se amavam, os pais dele os separaram, e ele foi obrigado a se casar. Ela ficou grávida, e ele aconselhou: "Arrume um pai para este filho". Ela arrumou. Quando ele me contou, lembro agora que via sempre este moço andando por ali a cavalo, talvez fosse vê-la de longe. Quando ela faleceu, desencarnou, não o vi mais por ali. Fiquei decepcionado, mas perdoei. Minhas lembranças param aí. Como disse, todas as vezes que conto, recordo de mais fatos.

— Você, Murilo, foi alertado pelo seu passado? – perguntou Fábio.

— Como? — Murilo não entendeu.

— Alertado. Você, ao recordar seu passado, tirou lições para o presente? Tudo isto que recordou foi para você um alerta? — Fábio reformulou sua pergunta.

— Penso que sim — respondeu Murilo. — Sinto que, ao recordar minha encarnação anterior, tenha recebido um alerta. Primeiro quis novamente ser padre, talvez tenha ficado em mim que não devia ter deixado a igreja e que desta vez deveria ser bom sacerdote. No presente, abandonei o sacerdócio porque não concordei com os dogmas da igreja. Quis ser sincero comigo e não fazer nada que não sentisse ser verdadeiro. Penso que a excomunhão, por eu acreditar, me fez sofrer. E a frase que escutei, de que isto era dos homens e não de Deus, ficou bem marcada na minha memória. Nesta encarnação, não tinha como mudar nada na igreja. Saí, não me arrependo, penso que agi sendo sincero comigo. Fui sim alertado para que devo prestar muito mais atenção no que é de Deus e não no que os homens julgam.

— Você não sentiu vontade de plantar novamente? Trabalhar com a terra? Plantar hortaliças? — perguntou Cláudia.

— Não, penso que naquela época não tive opção de trabalho, era o que tinha para sobreviver. Se entrei no convento sem nada, saí também sem nada de material, porém lá, nestas duas vezes, recebi instrução. Sempre gostei de estudar e gosto de trabalhar usufruindo dos conhecimentos que adquiri.

— Você se lembra como se chamava? — indagou Fábio.

— Pedro! Era o Pedrinho da horta!

— Como pode alguém se lembrar de sua outra vida e contar como uma história? — Marcela quis entender.

A orientadora, a psicóloga Heloísa, explicou:

— O objetivo deste encontro é um de nós falar e os outros escutarem, porém todos nesta sala tiveram recordações de vidas passadas. Se nos julgamos diferentes da maioria, podemos ter problemas. Escutando outros, sabemos que nesta cidade há pessoas como nós, e isto consola, nos fortalece, nos faz sentir normais. Penso Marcela, que não temos como contar diferente. Nossa vida, seja no presente ou no passado, não é uma história? Já contei a vocês que eu desde pequena falo de minha outra existência. Meu pai, para entender e me ajudar, foi pesquisar o que falava, e os dois, papai e mamãe, tentaram e conseguiram que estas recordações não me atrapalhassem no presente. Optei por estudar psicologia com objetivo de ajudar pessoas que, como eu, precisassem entender e não ser julgadas desequilibradas e excluídas por recordar suas outras vivências encarnadas.

– Conte de novo para nós o que recordou, Heloísa – pediu Marcela. – Temos três novatos que não a escutaram.

– De fato, recebi um alerta ao recordar o passado; não somente eu, também meus pais – disse a orientadora.

– Heloísa – Fábio a interrompeu –, por que eu, como os outros aqui, tenho mais dificuldade para recordar nomes nossos e de lugares?

– De fato – opinou Murilo –, recordei-me somente do meu nome, Pedro, quando padres eram chamados pelo sobrenome, que não consigo me lembrar; não me recordo do nome daquela que foi minha esposa nem do meu sogro, mas lembro da filha: Maria Isabel. Também não me recordo do nome da cidade, sei que era pequena e rodeada de fazendas.

– Pois eu recordei – afirmou Heloísa – de nomes, meu e completo, sobrenomes e de todos da minha família, a cidade, a rua que morei, onde estudei, os momentos marcantes como o meu casamento, a desencarnação de minha avó materna e com detalhes. Papai foi a essa cidade e se certificou que os nomes das pessoas que eu falava existiram, moraram ali e que haviam falecido havia anos. Minhas lembranças começaram e passei a

VERA LÚCIA MARINZECK DE CARVALHO ditado por ANTÔNIO CARLOS

comentar delas quando comecei a falar. Meu pai, médico, foi quem mais prestou atenção, ainda bem que não fui castigada nem tachada de "mentirosa". Na minha encarnação passada, fui filha de um médico que, nesta encarnação, é novamente meu pai. Fora médico e enriqueceu com a Medicina. O trabalho deve ser para seu sustento e família. Porém ele fez atos que não deveria ter feito e eu, como filha, participei usufruindo e o incentivando. Fiquei doente e meu pai não conseguiu me curar, mas, mesmo assim, casei e tive dois filhos. Desencarnei com vinte e cinco anos e os deixei pequenos, meu marido os criou. Realmente, para mim, lembrar minha vida passada foi algo espontâneo, que parecia ter acontecido nesta existência. Quando meu pai se certificou de que o que eu falava tinha fundamento, ele mudou, passou a trabalhar com amor, faz um trabalho voluntário e, segundo ele, está bem melhor e tranquilo. Papai foi procurar uma religião que explicasse estas minhas lembranças, encontrou e nos tornamos religiosos. Que alerta, meu Deus! Foi uma benção! Até para a minha mãe, que não estava no meu passado, foi uma transformação: de vaidosa ao extremo tornou-se uma trabalhadora voluntária que auxilia muitas pessoas.

— Heloísa, por que somente poucas pessoas recordam o passado espontaneamente? — Marcela quis saber.

— Há muitas maneiras de recordar nossas existências passadas. Eu recordei espontaneamente, Murilo e outras pessoas também. Penso que, ao amadurecermos, estas lembranças venham mais facilmente. Talvez, com o progresso nosso, dos terráqueos, possamos ter mais essas recordações. Acredito que há motivos para que isso ocorra. Atendendo pessoas, entendi que, pelo menos um pouco do passado, muitas recordam. São medos inexplicados, simpatias e antipatias por certas pessoas, sentir conhecer certos lugares etc. Algumas pessoas, por vários motivos, tentam, com auxílio, entender traumas que têm nesta encarnação e que sentem ser herança de seu passado. Temos aqui um exemplo de um fato assim. Minha opinião é: se essas lembranças não são espontâneas, se não houver um porquê sério para recordar, é melhor deixá-las lá, no passado. Não devemos procurar recordar somente por curiosidade. Porém os que recordam espontaneamente, que tirem proveito. Lembro-os que desencarnados que sabem podem provocar este processo, que sempre tem motivo: os bons para ajudar, os maus para atormentar.

"Foi o que ocorreu comigo", pensou Elias.

Elias concluiu e voltou a atenção para o que Heloísa explicava.

– Faço um trabalho voluntário numa instituição onde, para se vingar, espíritos rancorosos fazem seus desafetos recordarem existências passadas sem controle; alguns, ao lembrar, se desequilibram. Porque vir à nossa mente o que nos aconteceu no passado como sucessos, que fomos bonzinhos, que fizemos isso ou aquilo de bom, é prazeroso, mas recordar que fizemos atos errôneos não é nada agradável e se tiver feito maldades é complicado. Acredito que, para Murilo, o que escutamos hoje, estas lembranças lhe fizeram bem porque o fizeram ser uma pessoa melhor. Infelizmente, nossa reunião deve terminar. Vejo-os no mês que vem. Obrigada por terem vindo.

O grupo levantou se despedindo e saiu. Elias, que prestava muita atenção, achou muito, mas muito interessante.

"Fui abençoado, agraciado, por ter encontrado um grupo assim, com pessoas que, como eu, tiveram a mesma experiência."

– Murilo! – Elias o chamou antes de ele entrar no seu carro. – Você falou que se encontrou numa religião que o ajudou. Poderia me falar qual é? Gostaria de entender melhor a reencarnação e, se for por uma religião, vou me sentir melhor.

– Sou espírita! – respondeu Murilo. – Estou aprendendo a Doutrina codificada por Allan Kardec. Convido você para nos visitar, venha conhecer o centro espírita que frequento. Sábado, pela manhã, às nove horas e trinta minutos, temos na nossa casa espírita, palestra para os pais, enquanto as crianças têm aula de Evangelização. Neste mês estamos tendo palestras sobre reencarnações. Com certeza irá gostar.

– Quero ir! – decidiu Elias. – Obrigado, Murilo.

"Benedito afirmou que ia encontrar quem me explicasse. Encontrei!"

Murilo lhe deu o endereço e prometeu esperá-lo e lhe mostrar a casa.

13º CAPÍTULO

PALESTRAS

Elias saiu do encontro e foi para a casa de sua mãe, onde deixou as crianças. Encontrou-as bem e alegres. Seus pais estavam gostando demais de estar com os netos. Almoçaram, e os primos chegaram, os filhos do seu irmão; as crianças brincaram bastante no enorme quintal. Foram embora cansados e sujos. Em casa, Elias os ajudou a tomar banho e auxiliou Rose com o jantar.

Ele estava ajudando os filhos, principalmente Manuela, e, por ser menor, a pegava no colo, acariciava e lhe dizia baixinho:

— Papai a ama! Ama muito!

— Eu também te amo, papai!

Rose, no jantar, comentou:

— Hoje organizei casa, limpei os armários!

Foi uma maneira de dizer que não saíra de casa.

Elias mudou no trabalho, realmente ele sabia fazer bem o seu trabalho e entendia de tudo na firma. Se antes não gostava de ensinar e reconhecia que às vezes não ensinava tudo o que sabia, passou a agir diferente. Houve desconfianças dos colegas com sua mudança. Teve até um que o indagou: "Você tem certeza, Elias, que é mesmo assim que se faz?". Ele compreendeu que, para ter a confiança dos colegas de trabalho, deveria agir com honestidade e ter paciência. Não foi mais nas reuniões às sextas-feiras com os colegas de trabalho e notou que o grupo que saía foi diminuindo.

"Talvez", concluiu, "muitos fossem para não ser alvo de fofocas. Minha atitude deu coragem para outros deixarem de ir. Encontros são bons quando sadios e não tão frequentes".

Priscila por vezes tentou falar com ele em sua sala ou no refeitório. Elias respondia com monossílabos. Um dia, em tom alto, falou para todos escutarem que estava de namorado novo e que este era solteiro, isso e aquilo. Elias nada comentou. Durante o almoço, Priscila aproximou-se dele, sorrindo irônica, e indagou:

— Você não liga que estou com outra pessoa?

— Priscila, sinceramente, desejo que tudo dê certo para você!

— Você me usou. Infeliz!

Xingou-o. Ele permaneceu calado.

— Elias, você está mesmo diferente. Será que a pancada na cabeça o perturbou? – depois de olhá-lo bem, Priscila perguntou.

— Penso que não! Com certeza não! De fato mudei ou somente resolvi ser mais responsável e bom pai – ele respondeu tranquilamente.

— Poderia ser bom pai separado de sua esposa.

— Penso que não!

— Talvez a ame! Para mim você não vale nada! – Priscila voltou a ficar irada.

Elias se esforçou para se controlar; se isso ocorresse anteriormente, a discussão seria acirrada. Ela se afastou muito nervosa, e as provocações dela foram parando.

Elias avisou à mãe que no sábado iria, mais tarde, à casa dela; planejou ir ao centro espírita e levar as crianças. Informou à esposa:

— Rose, fui convidado para ir em um centro espírita. Sábado pela manhã a casa tem atividades para as crianças e palestras para os adultos, os pais. Vou levá-los. Tudo bem?

— Sim, claro. Não descuide deles.

Sábado pela manhã Elias ajudou os filhos a se trocarem, serviu o desjejum e explicou para eles aonde iriam e que depois passariam na casa dos avós. Elias se sentiu ansioso, parecia que sempre esperara por essa visita. Ao chegar, seu coração bateu forte, emocionou-se. Murilo o esperava na porta, cumprimentaram-se e foi convidado a entrar. Surpresa! Martin e Raíssa encontraram quatro amiguinhos da escola. Alegres, foram com eles para o interior do prédio, para as salas de atividades.

— Manu querida — disse o pai —, se quiser pode ficar aqui comigo.

A garotinha hesitou, mas quando uma moça, a evangelizadora, chamou-a, ela foi. Murilo levou Elias para ver as classes onde as crianças estavam, e ele viu os filhos contentes. Os dois voltaram para o salão, ele se sentou e observou todo o local. Gostou do que viu e se sentiu tranquilo. Um senhor, no horário marcado, foi à frente.

— Aviso a todos que recebemos o livro do círculo do mês. Hoje quem irá nos dar a palestra é Vitor. Como o estudo deste mês é sobre reencarnação, ele abordará este tema. Boa palestra!

Vitor, um homem simpático, embora jovem, tinha os cabelos grisalhos e, após os cumprimentos, deu a palestra.

— Pesquisei para falar hoje nos livros de Allan Kardec.

Vitor mostrou-os e depois os colocou na mesa; Elias tentou ler os títulos e leu de dois: *O Evangelho segundo o espiritismo* e *O livro dos espíritos*. Por mais que prestemos atenção, como normalmente acontece ao se ouvir uma palestra, conseguimos gravar somente algumas partes. Isto ocorreu com ele.

– A reencarnação – começou Vitor – é o retorno do espírito à vida corporal, em outro corpo formado novamente para ele e que não tem nada em comum com o que desintegrou: esta citação está em *O Evangelho segundo o espiritismo*, no capítulo quatro, "Ninguém pode ver o Reino de Deus se não nascer de novo". E também na obra *O livro dos espíritos*, livro segundo, capítulo cinco, "Considerações sobre a pluralidade das existências". Tanto *O livro dos espíritos* como este capítulo são muito importantes; destaco a pergunta cinco para nos servir de reflexão: "Qual o destino das crianças que morrem em tenra idade, antes de fazer o bem ou o mal? Se estão entre os eleitos, por que este favor, sem haverem nada feito para merecer? Por qual privilégio estão isentas das tribulações da vida?". Admitam as existências consecutivas, e tudo se explicará conforme a justiça de Deus.

Vitor colocou o livro na mesa, olhou para a plateia e continuou:
– Vamos pensar que, se vivemos uma única vez e desde que o homem habita o planeta Terra, em que lugar estariam todos esses espíritos? No céu? Como seria grande! Como também o inferno. Pergunto: se Caim, segundo a Bíblia, assassinou seu irmão Abel, não se arrependeu, foi para o inferno, estaria ainda sofrendo? Um malfeitor que morreu na semana passada e que também foi para o inferno, pelo tempo, sofreria menos. Seria justo? Se Abel foi para o céu e lá encontrasse com um espírito que foi estudioso, sábio, que desencarnou recentemente,

como se sentiria? Um sabe muitas coisas e o outro não? Se um selvagem fosse para o Plano Espiritual, como se sentiria perto de um professor? Será que este espírito que foi selvagem não tem a graça de progredir, aprender, saber? Nós não temos? Com certeza sim. Se a Terra tem um determinado número de espíritos, temos conhecimento de sermos vinte bilhões, estamos sempre revezando, uns vêm, outros vão, encarnamos e desencarnamos, vivemos no Plano Físico e Espiritual. Isto não é maravilhoso? Com certeza. Devemos pensar que já erramos e que, pela graça de Deus, podemos reparar o erro: seja pela dor, para aprendermos que causar dor no outro é plantar a má semente e que um dia teremos de colher esta má semente sentindo a dor que provocamos; mas também, pela bondade do Pai, podemos plantar a boa semente, que pode anular a má colheita, isto é, aprender pelo amor. Se erramos, será que não merecemos, pela misericórdia, outra chance? Deus nos dá! E são muitas chances de reparar, aprender, progredir pela reencarnação. Deus nos perdoa, porém os atos são nossos. Em vez do inferno eterno, outras oportunidades, e aí vemos deficientes, enfermos, pessoas com a existência complicada e outros com vidas facilitadas. Injustiça? Não! São nossas reações! Vi uma reportagem na televisão, na semana passada, sobre refugiados. O lugar está em conflito há décadas. Entrevistaram um homem que disse estar com trinta e quatro anos, estava com a esposa e dois filhos. Ele, nesta encarnação, não conheceu a paz, a família já passou muitas dificuldades, fome, frio e vivia constantemente com medo. A reportagem continuou mostrando locais e pessoas. Depois voltou para informar que aquele casal, ele, a esposa e um dos filhos haviam sido mortos num ataque.

Comparei este refugiado comigo. Nasci, reencarnei num país em que não há guerra, não passei fome, sempre tive tudo o que precisei, não tenho motivo para ter medo. Se não existisse a reencarnação, como entender esta diferença? Mas como sei que, pela reencarnação, cada um de nós está no Plano Físico onde se faz jus, compreendo então a misericórdia de Deus. O repórter havia perguntado a este refugiado se a guerra cansava e, se tivesse o poder de determinar o futuro deste conflito, o que faria. O homem respondeu: "Deixaria as diferenças de lado, para trás, mesmo se não fosse totalmente a meu, a nosso, favor; faria tudo para que terminasse esta disputa e daria paz a esta terra. Sim, o conflito cansa!". Com certeza este homem aprendeu uma lição preciosa e pela dor: que a paz é importante. Orei por aqueles que desencarnaram naquele ataque e pedi para que ele e a família reencarnassem num lugar de paz. Também roguei pelo filho órfão que ficou. Como será sua vida? Se era difícil com os pais, como será sem eles? Vamos refletir: que justiça teria, se Deus nos criasse e tivéssemos uma só chance de viver num corpo de carne e ossos, eu nascer num país em que não há guerra e um outro num país em conflito? Somente conseguimos entender isto pela reencarnação.

A palestra terminou.

— Murilo, onde posso encontrar o livro do Allan Kardec para comprar? — Elias quis lê-los.

— Aqui mesmo. Venha comigo, vamos logo, senão as crianças saem.

Murilo o levou para uma estante ao lado direito do salão. Pegou e mostrou a Elias.

— Leve estes dois!

Elias leu os títulos: *O Evangelho segundo o espiritismo* e *O livro dos espíritos*.

Ele os comprou, agradeceu Murilo, despediu-se, pegou as crianças e foi com elas para a casa da sua mãe. Almoçaram e, quando as crianças foram brincar no quintal, ele folheou os livros e, pelo índice, procurou os capítulos que abordavam o assunto em que estava realmente interessado: em *O Evangelho segundo o espiritismo*, o capítulo quatro, "Ninguém pode ver o reino de Deus se não nascer de novo"; em *O livro dos espíritos*, no livro segundo, capítulo dois, "Encarnação dos espíritos", capítulo quatro, "Pluralidade das existências", e capítulo sete, "Retorno à vida corporal".

"Vou ler esses capítulos primeiro", decidiu.

À tarde levou as crianças para casa, e elas, entusiasmadas, contaram para a mãe sobre a aula de Evangelização.

— Você gostou, Elias? — Rose quis saber.

— Sim, Rose, muito! Agora entendo que queria encontrar pessoas que me ensinassem ou que me fizessem recordar certos assuntos. Vou ler estes livros, comprei dois, você nem acredita o que paguei. São baratos!

Depois que as crianças foram dormir, ele foi ler. Lia um texto de um livro, passava para o outro, pensava no que lera, relia. Gostou demais do que lia, parecia que estava recordando.

"Devo ter estudado estas obras quando estive desencarnado no Plano Espiritual, porque encarnado não foi", ele concluiu.

Rose ficou interessada, mas nada comentou. Na segunda-feira, à noite, os pais de Rose foram visitá-los, Elias achava que eles iam muito à casa deles e davam palpites. Estavam todos na cozinha, e as crianças contaram para os avós onde tinham ido no sábado; entusiasmados, falaram do centro espírita. A mãe de Rose horrorizou-se. As crianças foram para a sala.

— Rose! — exclamou a sogra de Elias. — Você não vai permitir mais isto!

— Por que não, mamãe? As crianças encontraram lá os filhos da Sofia e os da Suzane.

— É outra religião! Como deixou Elias levá-los?

Elias tentou ficar calmo e resolveu a questão:

— Por favor, não interfira assim na nossa vida! — pediu Elias com firmeza. — Rose e eu conversamos sobre isto, fui, levei as crianças, e gostamos. Vou as continuar levando.

— Com certeza estou vindo muito aqui e não deve precisar mais de mim — a sogra se fez de vítima.

— Sou grato à senhora pelo tanto que nos ajudou. Penso que errei em ocupá-la assim. Agora será diferente, não quero ocupá-la mais e também gostaria que não interferisse mais na nossa maneira de proceder.

Elias saiu da cozinha; ao entrar na sala de jantar, Martin bateu a porta da sala de estar; Rose e a mãe pensaram que fora Elias.

— Saiu bravo esse seu marido!

Elias parou e ficou escutando as duas conversarem.

— Mamãe, Fernanda me contou que Elias se separou de Priscila. Ele está diferente.

— Até quando? Será que se separaram mesmo? — a mãe de Rose duvidava.

— Vou aproveitar, mamãe, esta mudança; nós não brigamos mais, estamos bem. Quero que entenda que, de fato, não estávamos bem; antes do acidente esperava que a qualquer momento Elias saísse de casa. Dizia não me importar, mas estava me importando, sim. Eu amo Elias, mamãe. Desculpe-me, não quero ser ingrata, mas o melhor é a senhora não vir tanto aqui em casa e não dar palpites. Estou afastada da religião, a senhora também não vai tanto. Concordei que Elias os levasse neste centro espírita, e todos gostaram.

Elias, sem fazer barulho, foi para a sala de estar onde os filhos estavam. Os sogros se despediram, a mãe de Rose estava aborrecida. Sua esposa se aproximou, sentou perto dele; Elias sentiu que ela queria perguntar alguma coisa. As crianças montavam um quebra-cabeça que estava na mesinha de centro.

"Penso que Rose quer mesmo saber se me separei de Priscila. Não falamos abertamente sobre este assunto, traição. Ela nunca mencionou minha amante, e eu não falei de minhas dúvidas, se ela tinha outra pessoa. Talvez nenhum de nós dois quisesse saber a verdade. Agora não tem importância."

— Rose — disse Elias —, vamos nos dar uma chance? Somente nós cinco? Sem mais ninguém? — Ele olhou para os filhos. — Eu os amo!

— Oh, Li! Eu também o amo! — Rose se incluiu.

Os dois se beijaram e escutaram:

— Papai e mamãe estão namorando! Papai...

As três crianças olhavam para o casal, sorriam alegres, Manuela batia palmas. Compreenderam que os filhos, embora não entendessem, sentiam que os pais não estavam bem e ficaram contentes por vê-los juntos. Os pais ficaram encabulados, sorriram, estavam alegres.

O fato era que Elias gostava de Rose, mas não a amava; entendeu que nesta encarnação não amaria ninguém como havia amado Augusta e sentia que ainda a amava.

"Talvez", pensou, "se encontrasse Augusta, iria com certeza amá-la. Não vou encontrá-la, não quero. Se decidimos nesta encarnação ficar separados, que assim seja".

No sábado voltaram ao centro espírita, desta vez não precisou que Murilo o ciceroneasse; deixou as crianças na sala da Evangelização e se acomodou no salão.

Quem deu a palestra foi Léa, e o assunto, como fora programado, foi sobre reencarnação.

Léa, uma moça simpática, foi à frente e, após cumprimentos, deu início à sua palestra.

— No livro *O Evangelho segundo o espiritismo*, de Allan Kardec, na introdução, aconselho todos a lerem também esta parte porque nela há muitas explicações que nos facilitam a leitura dos capítulos, temos, no item quatro, "Sócrates e Platão, precursores da doutrina Cristã e do espiritismo", o esclarecimento de que, como Jesus, Sócrates não deixou nada escrito, quem escreveu sobre ele foi Platão. No item cinco — Léa não leu, falou com as palavras dela —, está transcrito um dos ensinamentos de Sócrates: após nossa morte, somos levados a um lugar (Plano Espiritual), por um tempo necessário; após, voltamos a esta vida (física) por numerosos e longos períodos. Desta outra obra de Kardec, *O livro dos espíritos* — Léa mostrou o livro —, segundo livro, capítulo cinco, "Considerações sobre a pluralidade das existências", item duzentos e vinte e dois, vou ler algumas frases: "O dogma da reencarnação não é novo, pois foi tomado de Pitágoras. Jamais dissemos que a Doutrina Espírita é invenção moderna; o espiritismo, decorrendo de uma lei natural, deve existir desde a origem dos tempos e nos esforçamos sempre em provar que se encontram traços dele desde a mais alta antiguidade. (...) A ideia da transmigração das almas era, pois, uma crença comum, admitida pelos homens mais eminentes". Se vocês lerem este capítulo, entenderão que, desde a antiguidade, vários povos acreditavam na reencarnação. "Os espíritos, ensinando a doutrina da pluralidade das existências corporais, renovam, pois, uma doutrina que nasceu nas primeiras idades do mundo e que se conservou até os nossos dias no pensamento íntimo de muitas pessoas."

Léa fechou o livro, fez uma pequena pausa e continuou sua explanação:

— Se religiões antigas acreditavam em reencarnação, por que isso mudou no cristianismo? Por que são ainda diversas as crenças e religiões atualmente que acreditam nesta volta do espírito em diversos corpos físicos. Sabemos que os primeiros cristãos foram perseguidos, exibidos em circos, queimados, jogados aos leões etc. No ano 313 depois de Cristo, o imperador romano Constantino Magno denominou-se como cristão e aboliu o fim das perseguições aos discípulos de Jesus. Convidou então os recém-libertos a ocupar postos no governo e infelizmente muitos deles aceitaram o que lhes foi oferecido: armas, política e dinheiro. Armas para matar os inimigos, as lutas das Cruzadas, a Inquisição, políticas em que erroneamente enganavam pessoas e dinheiro para comprar e vender consciências.

O Concílio de Constantinopla, na Turquia, por decisão política, decidiu que a ressurreição era contrária, e é de fato, às leis físicas, um espírito não poderia voltar ao corpo que já havia virado pó. E no concílio do ano 553 depois de Cristo, resolveram abolir a reencarnação. Muitas histórias são contadas e me indago: São realmente histórias ou de fato aconteceu? Pesquisei e encontrei controvérsias. Mas, nesta época, o imperador era Justiniano, um escravocrata cruel, que não queria pensar que ele podia já ter sido uma pessoa simples ou que poderia ser futuramente um escravo. Contam também que sua esposa Teodora, que tinha muitos escravos, fora uma prostituta que mandara matar suas ex-companheiras ou prendê-las. O povo comentava que ela, pelas suas maldades, iria sofrer nas suas outras encarnações, e que ela então influenciou o marido para decretar o fim da crença na reencarnação.[1] Penso que foi o poder, o orgulho daqueles que podiam mudar naquela época a lei, que não queriam nem pensar na possibilidade de voltar ao Plano Físico sendo uma pessoa humilde, que determinou que a reencarnação não deveria existir. Depois, gostaram do poder que poderia dar o céu pela eternidade para os amigos e a quem pagasse "o dinheiro" e condenar também para sempre os que julgavam inimigos ao inferno.

Léa comentou sobre religiões antigas e atuais que têm a reencarnação como certeza e que compreender isso como uma graça que Deus nos deu é maravilhoso. Completou a palestra afirmando o tanto que é consolador entender a lei da reencarnação.

Elias gostou demais da palestra.

No sábado à noite, pegou O livro dos espíritos e, pelo índice, procurou o que o interessava; leu e releu um texto. Livro segundo, capítulo sete, "Retorno à vida corporal": "Se não temos, durante a vida corporal, uma lembrança precisa do que fomos e do que fizemos, de bem ou de mal, nas nossas existências anteriores, temos a intuição, e nossas tendências instintivas são uma reminiscência do nosso passado. Aquela nossa consciência, que é o desejo que abrigamos de não mais cometer as mesmas faltas, nos previne a resistência".

Passou a ser rotina, no sábado, Elias ir pela manhã com os filhos ao centro espírita e, após, à casa de seus pais, almoçavam e, à tardinha, voltavam ao lar. Rose os esperava e informava que ficara em casa e fizera isso ou aquilo. Num sábado, as crianças, cansadas pelo dia agitado, viam um desenho na televisão. Elias pegou os livros, colocou-os na poltrona e ia pegar um deles para ler. Rose aproximou-se.

---

[1] N. A. E.: A palestrante de fato pesquisou e falou o resultado de sua pesquisa. No Plano Espiritual temos que Teodora perseguiu suas ex-companheiras e muitas mulheres foram mortas.

— Você parece estar gostando dessas obras e de ir ao centro espírita.

— Estou, sim, e muito. Sinto que lá estou recebendo orientações que no íntimo sabia existir. Convido-a a ir conosco. Podemos ir no outro sábado, porque neste é o meu encontro com o grupo da psicóloga.

Rose pegou um livro, era *O Evangelho segundo o espiritismo*, e abriu. Leu e admirou-se.

— Escute, Li, abri nesta página e li. Veja que beleza! "Não castigueis vosso corpo pelas faltas que o vosso livre-arbítrio o induziu a cometer, e das quais é tão responsável quanto um cavalo mal guiado o é pelos acidentes que causa. Sereis, por acaso, mais perfeitos se, ao martirizar o vosso corpo, continuardes egoístas, orgulhosos e sem caridade para com o vosso próximo? Não, a perfeição não está nisso. Ela se encontra nas reformas que submeterdes o vosso espírito: dobrai-o, subjugai-o, humilhai-o, dominai-o, este é o meio de torná-lo dócil à vontade de Deus e o único que conduz à perfeição".

— Rose, se você ler este livro, entenderá muitas coisas e verá ensinamentos profundos, coerentes e consoladores que a farão refletir sobre a vida. Eles ficam na estante, leia-os quando quiser.

Rose ficou interessada e planejou lê-los.

Elias ia ainda às consultas de Heloísa, mas às terças-feiras, a psicóloga o ajudava a se manter firme nas suas decisões, na mudança que fizera no seu modo de agir. Conversavam também sobre suas recordações e sobre os problemas que surgiram na mudança de seu comportamento. Porém sentia que o que realmente estava lhe dando forças eram as leituras das obras espíritas e suas idas ao centro espírita e que aprendia muito com as palestras.

14º CAPÍTULO

JOÃO PAI-NOSSO

Elias se sentiu mais à vontade na segunda reunião e quem falou foi um homem, que ele tentou adivinhar a idade.

"Talvez ele tenha uns sessenta anos!", concluiu.

– Bom dia! Chamo-me João. Todos me conhecem por João Pai-Nosso ou somente por Pai-Nosso. Tenho sessenta e oito anos. Tempos atrás, para conseguir compreender, como me foi recomendado, alguns lances que tinha sobre meu passado, vivências de outras vidas, procurei pela Heloísa. Foi muito gratificante entender minhas lembranças, foi de fato uma compreensão de vida. Saber, compreender a reencarnação, foi ter um conhecimento maior de Deus e suas leis. Antes certos questionamentos me angustiavam: Por que uma pessoa nasce com deficiências? Foi porque a gravidez não deu certo? Houve falhas na formação do feto? E o espírito que anima aquele corpo, quem é ele? Por que estaria naquele corpo? Se não houver explicação que pelo raciocínio se possa entender, complica-se qualquer crença. Para quem entende ou quer compreender, não é possível dizer que "Deus quer" e ficar por isto mesmo. Já contei minha história várias vezes. Heloísa, com uma turma nova, me pede para vir ao encontro contá-la, e eu a atendo simplesmente porque, se me faz bem, pode fazer a outros também. O alerta que o passado me deu foi: compreender a Deus é a maior graça que me foi dada. Tenho agora um grande ensinamento a me guiar: "seja misericordioso para receber misericórdia". Realmente, agora, no presente, não conseguiria entender, amar a Deus sem acreditar na reencarnação. Vocês irão entender minha história de vida depois de contar onde trabalho. Há quarenta e cinco anos trabalho numa instituição que abriga pessoas deficientes, meus doentinhos. Normalmente elas vão para lá nenéns, crianças, e a maioria é abandonada. Como sofria quando não compreendia o porquê! Estava sempre me indagando. Vou relatar minha vida presente e passada; realmente a vida é um todo, não há como separar.

João fez uma pausa, respirou fundo e iniciou de fato seu relato.

— Não tenho nada de interessante para falar de minha infância e juventude: fui filho de pais amorosos, trabalhadores; tive oito irmãos; estudei; trabalhei; realmente nada aconteceu que tenha me marcado. Conhecia Joana desde menino, namoramos, casamos e esperamos com ansiedade nosso primeiro filho. Leandro nasceu com muitas deficiências. Uma criança estranha, parecia um pacote, como dizia minha sogra. Não chorava, gemia, e era muito feio e mole. Passado o susto, veio a tristeza.

"O que vamos fazer com isto?", perguntou minha esposa. "Isto é o nosso filho", adverti. "É seu!", minha esposa repetia sempre isto. "Se o tivemos assim, foi porque um de nós pecou, e não fui eu, disto tenho certeza, então foi você, e Deus o castigou." Entristecia-me com as acusações dela e me defendia: "Eu também não pequei! Não a ponto de Deus me castigar. Não é melhor amá-lo?", eu queria que ela aceitasse nosso filho. "Eu não consigo gostar dele. Ame-o você! João, vamos raciocinar, se foi você quem pecou e Deus o castigou mandando um filho assim, peça perdão e vamos interná-lo numa instituição. Assim que o abandonarmos, Deus, não tendo como castigá-lo, ele morre e, como é inocente, irá para o céu. Alice me disse que, normalmente, no hospital, eles deixam morrer uma criança assim. Eu não o quero!" "Querida, ele é nosso filho, deve existir outra razão para ele ter nascido enfermo. Se você não pecou e nem eu, deve ter outro motivo." "Qual?", Joana realmente não entendia. "Que Deus errou quando criou ele? Isto não é pior? Admitir que Deus errou, teve vergonha, não quis consertar seu erro e o deixou assim? Ou que Leandro não é filho de Deus, mas do capeta?" O fato é que não encontramos explicações, e eu passei a cuidar dele, minha sogra me ajudava. Pensei que a mãe, com o tempo, iria amá-lo, mas Joana não conseguiu e, quando ele estava com oito meses, minha esposa foi embora de casa com outra pessoa. Foi um período que fiquei sem saber o que fazer. Tinha uma coisa como certeza: amava, ou queria amá-lo, e não queria abandoná-lo. Tinha de trabalhar para o nosso sustento e minha sogra começou a reclamar por estar nos ajudando. Tinha guardado o endereço da instituição, era em outra cidade. Consegui telefonar e obtive as informações que queria. Resolvi levá-lo e ir junto. Desfiz-me de tudo, saí do emprego, despedi-me dos meus familiares e, bem cedo, viajei com ele. Pelos exames que Leandro havia feito, os médicos afirmaram que ele não enxergava ou, se o fazia, era muito pouco, mas que escutava, meu filho não iria andar nem falar. Seu choro era um lamentoso gemido. Fui recebido na instituição, expliquei o motivo da minha ida e pedi emprego, afirmei que fazia qualquer coisa desde que pudesse cuidar dele, e em troca de teto e comida. A diretoria da casa me aceitou. Leandro ficou bem instalado, foi bem atendido e medicado, e eu passei a fazer um pouco de tudo naquela casa de amor, trabalhava por oito horas; nas restantes, ficava com meu filho e passei a cuidar também das outras crianças da enfermaria onde Leandro estava; com ele, havia mais seis crianças, e todas muito deficientes. Percebi que quando cantava para meu filho, ele se acalmava e as outras crianças também. Ele fez um ano, era pequeno, parecia uma criança de quatro meses. Recebia notícias por cartas, alguns telefonemas de minha família e também dava notícias minhas e de meu filho. Um dia, eu estava triste e resolvi cantar a oração do Pai-Nosso; gostei e senti que o ambiente ficara melhor. Passei a cantar em diversos ritmos, alegres e suaves. O diretor da casa mudou minha função, fiquei como ajudante de enfermeiro, aprendi rápido; amava, amo o que faço. Ganhei o apelido João Pai-Nosso ou somente Pai-Nosso. Três anos se passaram, meu filho Leandro parecia uma criança de um ano; continuava feio do mesmo modo, não se desenvolvera, porém aprendera a sorrir. Conversava com ele, pedia para ter paciência e repetia que o amava. Minha mãe desencarnou, fui para o enterro; embora triste por minha mãezinha ter mudado de plano, foi bom rever todos. Encontrei-me com aquela que fora minha esposa, que, após os cumprimentos, comentou: "Viu?! Não fui eu que peguei, tenho dois filhos sadios e bonitos". "Joana, você, deixando o esposo e abandonando um filho doente, não pecou?", indaguei-a tranquilamente. "O padre me perdoou." Resolvi mudar de assunto. "Se você quiser a separação, é só me comunicar." "Quando quiser, o procuro. Meu marido também foi casado, e a mulher dele não quer lhe dar a separação. Como está aquela coisa?" "Leandro está bem, está comigo. Dê-me licença, vou cumprimentar um primo." Saí de perto dela. Senti muita vontade de retornar e o fiz no dia seguinte. Tive a certeza então de que gostava daquela casa de amor e que não queria ficar longe, não só de Leandro, mas das outras crianças.

Percebi que quando uma criança chorava e eu ia acalmá-la, sentia por uns instantes o que se passava com ela, se era dor de ouvido, barriga etc. e falava com o médico; no começo ele estranhou, depois entendeu que eu, por alguma causa, sentia por momentos o que doía na criança. Elas também sofriam com a solidão, a falta dos pais, da mãe. Meu filho desencarnou com oito anos, com peso de dois anos e muito feinho. Morei, moro na instituição, nunca recebi ordenado; não tive, não tenho folgas; meu trabalho sempre foi pelo teto, alimento e roupas que aquele local fraterno ganha. Não chorei quando Leandro desencarnou. O diretor da casa, os colegas de trabalho, muitos ali são empregados, e os voluntários pensaram pesarosos que ia embora. Porém, naquele dia, Pedrinho chorou muito e só se acalmou quando o peguei, acalentei no meu colo e cantei o Pai-Nosso.

João fez uma pausa, tomou água e retornou a sua história de vida porque o grupo estava atento e interessado.

— Não tive coragem de ir embora. Fiquei. Amava aquelas crianças. Três anos depois, a instituição recebeu outro menino deficiente, mas não tanto como Leandro fora. Tinha oito meses, estava malcuidado e doente. Ao pegá-lo, senti, compreendi, pela minha alma, que era Leandro que voltara. Cuidei muito dele, o garoto tinha também uma doença cardíaca, necessitava de muitos cuidados. Passei a falar com ele e com as outras crianças de Jesus, da necessidade de pedir perdão, de perdoar a todos e a si mesmo e, para ele, que eu o amava e o tinha perdoado. Quando fazia isto com este garoto, ele sorria e me abraçava. Pedia para que ele não errasse mais, não fizesse mais maldades. Cresceu, era gordinho, aprendeu a falar, a andar, a ir ao banheiro sozinho. Com doze anos ele desencarnou. Com estas duas encarnações difíceis, ele curou seu perispírito. Desejei que ele, ao ser provado numa nova encarnação, não voltasse a errar. Porque, por duas encarnações, ele, deficiente, não teve como errar, mas, num corpo sadio, teria oportunidades de acertar ou não. Não vi mais este espírito. Moro até hoje na instituição, saio pouco de lá, não tenho férias ou folgas por opção. A diretoria há tempos me registrou, aposentei-me, doo o dinheiro que recebo para a casa e recebo o reconhecimento, gratidão, dos meus doentinhos, amo-os e sou amado.

    João fez outra pausa.

    – Não conto isto para me valorizar, este relato é para que entendessem a minha história como um todo. Tive lembranças de minhas vidas passadas. Desde pequeno tinha medo de pássaros, os maiores, e de cavalos; apesar de não ser medroso, meu temor era de um homem que tinha fama de ser cruel. Porém não conhecia ninguém assim. Dizia que temia gaviões. Meus pais achavam que alguém me assustara, conversavam comigo, tentavam me fazer entender que ali onde morávamos não tinha gaviões nem pássaros que atacavam gente. Estava com doze anos quando vi num livro a gravura de um falcão, entendi que era este pássaro que me apavorava. Um dia, voltando da escola, indo para minha casa, tive a primeira visão. Estava no campo, zona rural, via um cavaleiro; ele tinha um falcão no braço e ordenava enérgico: "Vá, Kied! Pique aquele preguiçoso!". O pássaro voava, picava a nuca de um homem e o feria. Escutei a fala do homem; embora ele falasse em outro idioma, o entendi. Minhas lembranças foram em pedaços, em cenas, iam e voltavam; para entendê-las tive de organizá-las e, quando fiz isto, tive a história toda.

João parou sua narrativa por uns breves instantes e logo voltou a contar.

— Há duas encarnações minhas passadas, foi a que recordei, morei em outro país, no campo, onde éramos pobres camponeses dominados pelo senhor das terras. Vivíamos em casas simples, malvestidos e alimentados. O proprietário residia numa casa grande de pedras rodeada por jardins. Era realmente o senhor que mandava em todos. A vida pela região era parecida e não tinha como viver diferente. Era este senhor que eu temia, um homem alto, forte, porte bonito, andava a cavalo pela propriedade fiscalizando tudo e todos. Descrevi-o fisicamente, porém seu caráter era ruim, usava da maldade para com todos, era voluntarioso, arrogante e cruel. Eu morava com os meus pais numa casa de um cômodo, para ser aquecida no inverno, havia uma janela somente do lado da cozinha. As casas eram rústicas, uma ao lado da outra. Trabalhava muito na lavoura, e recebíamos pouco, que tinha que ser repartido entre alimentos e roupas. Usávamos chás para curar enfermidades. Minha mãe teve muitos filhos, cuja maioria falecia neném ou criança. Ficaram somente três, meu irmão mais velho, uma irmã e eu. Desde pequeno tinha medo deste senhor, todos o temiam. Ele estava sempre armado; uns empregados o acompanhavam; estes servos, guarda-costas, moravam perto da mansão e eram melhor remunerados, assim como também os empregados da casa. Uma coisa era certa, todos tinham que trabalhar em demasia. Este senhor tinha uma criação de falcões e estava sempre com um ou mais. Levava estes pássaros para caçar ou os mandava para atacar alguém, como vi na visão. Minha irmã era feia, e isto foi bom para ela, porque todas as jovens bonitas eram amantes dele, querendo ou não. Cansava-se delas rápido, as descartava, e essas mocinhas, muitas na adolescência, depois iam morar com os homens do lugar. Casamentos eram para os nobres, ricos; os camponeses moravam juntos. Havia os revoltosos, porém não adiantava se revoltar. Crianças trabalhavam, pequenos ajudavam os pais. Eu, adolescente, gostei de uma jovem que foi usada pelo senhor. Ela não se conformou e apanhou muito, voltou para casa muito machucada para servir de exemplo. Ela não se recuperou, tornou-se apática, adoeceu e morreu, desencarnou. Senti muito, sofri. Anos depois fui morar com uma viúva que tinha quatro filhos e comigo teve mais três. Um dos meus filhos, por pegar uma abóbora sem permissão, foi atacado por um falcão e ficou muito ferido; desencarnou depois de duas semanas por terem infeccionado os ferimentos, ele tinha oito anos. Foi uma existência em que tive poucas alegrias e muitas dificuldades. Ali, principalmente entre os camponeses, não se costumava orar, não tínhamos orientação religiosa, ninguém frequentava escola, não as tínhamos por ali.

VERA LÚCIA MARINZECK DE CARVALHO ditado por ANTÔNIO CARLOS

A igreja mais próxima era longe e não podíamos ir. O senhor dizia ser religioso, ia às vezes à igreja, mas era mais para estar bem com os padres. Eu desencarnei por um ferimento na perna que infeccionou. Fui socorrido e no Plano Espiritual tive muitos conhecimentos e reencarnei. Tive uma vida bem melhor, mais fácil, desta me recordo pouco; sei que estudei, não passei por privações, tive família, fui religioso, casei e tive filhos. Nesta minha última encarnação, recordei desta em que fui camponês, a minha anterior. Escondido, procurei, encontrei e passei a frequentar reuniões de um grupo que acreditava na reencarnação; embora eles não usassem o termo reencarnação, falavam que o espírito nasce e renasce. Quando desencarnado, de volta no Plano Espiritual, compreendi melhor minhas lembranças, como recordara de tudo. Este fato não é comum, recordar desencarnado de outras vivências, só acontece se tiver motivos; eu tive porque, encarnado, recordei, foi somente uma complementação. Quis então saber o que acontecera com aquelas pessoas que estavam reencarnadas naquele local e época. Tive permissão. Muitos camponeses, como eu, haviam perdoado; reencarnados, seguiram suas vidas; outros infelizmente não. O senhor, o ex-dono das terras, sofria muito, os que não o haviam perdoado o perseguiam e castigavam. Senti pena dele. *"Você com pena dele?!"*, indignaram-se os que o obsediavam. *"Como pode?! Esqueceu tudo o que sofreu e viu sofrer?!" "Perdoei"*, respondi. *"Pois pegue ele para você!"* Conversei com aquele que fora por anos o opressor do lugar, ou tentei dialogar com ele, mas estava perturbado, não respondia, não falava, somente gemia e via as cenas sem parar de suas maldades, revivendo-as e sentindo as dores que provocara. Vi estas cenas. Ele, desde pequeno, agira com maldade, não fora repreendido porque seus pais achavam as atitudes dele certas, que ele era superior, o dono. Ludibriou dois irmãos, casou a irmã para ficar com a propriedade, prendeu a mãe num quarto da casa e a deixou com poucos cuidados. Casou-se e foi um péssimo marido, matou um filho que nascera deficiente, não reconheceu nenhum filho que teve com amantes. Estuprou muitas jovens, feriu muitas pessoas. Treinava falcões para caçar e ferir pessoas. Viveu assim por muitos anos, até que um filho dele o matou para ficar com a herança. Este ex-senhor ficou ali por duzentos anos, na antiga casa que estava em ruínas e vagando pelas terras, sendo perseguido, sofrendo e perturbado. Mas ainda era arrogante e não se arrependera a ponto de saber que, se pudesse voltar no tempo, teria agido diferente. Tentei auxiliar os que ainda o perseguiam, fazê-los entender que vivemos muitas vezes e que tudo tem retorno, é a lei de Deus, que eles perdoassem para ser perdoados. Consegui que muitos deles recordassem seus passados para que entendessem que tudo tem um porquê, todos cometem erros, que o sofrimento pode ser consequência de atos errados; consegui que muitos aceitassem socorro. Ajudei este ex-senhor, levei-o para um socorro, porém ele continuou a ver, a reviver seus atos maldosos, não conseguiu se equilibrar. Propus aceitá-lo como filho, reencarnei e veio Leandro.

João suspirou, e muitos dos que o ouviam, inclusive Elias, suspiraram também.

– Eu o amei – retornou João a falar. – Ele, Leandro, desencarnou, reencarnou, e o ajudei novamente, agora ele está melhor. A notícia que tenho dele é de que veste um corpo físico sadio; com certeza ele terá de provar a si mesmo que se tornou um ser melhor. Terá oportunidade de escolher, pelo seu livre-arbítrio, fazer o bem ou o mal. Espero que escolha ser bom, que tenha aprendido pela dor a se tornar uma pessoa boa. Gosto de cantar; quando canto, oro pelos doentes, eles se sentem mais confortáveis e noto também que, com esta atitude, tenho ajudado obsessores, ou seja, espíritos que, querendo vingança, tentam prejudicar, castigar seus desafetos. Leandro teve dois obsessores que, por minhas orações, e por verem seu desafeto deficiente, resolveram ir embora e perdoar. Muitos na instituição têm obsessores que acham pouco eles serem enfermos. O meu trabalho é com todos, encarnados e desencarnados. Quando Leandro nasceu, foi me recomendado que procurasse um senhor que orava e curava enfermos. Procurei e dele, deste senhor, recebi uma preciosa lição; ele me esclareceu: "João, lugares como o que trabalho são locais de se semear a boa semente. Lembra-se da parábola do semeador? [1]

Jesus semeou a semente sem se importar em que terreno iria cair. Tenho a certeza de que as melhoras, algumas curas que as pessoas sentem ao vir aqui, são uma tentativa para que elas melhorem o seu terreno. Sei que muitas das pessoas que vêm aqui o fazem para se livrar das reações de seus atos equivocados; melhorando, infelizmente, várias voltam aos seus erros que lhes dão prazer. É a semente que caiu entre espinhos ou na beira do caminho. O objetivo do meu trabalho é mostrar a todos que a espiritualidade existe, que podemos fazer o bem e receber o bem. Porém espírito são, corpo físico sadio. Não adianta curar um dedo do pé se a pessoa não se modificar, porque se seu espírito continuar enfermo, a doença volta e um outro dedo se enferma. É o próprio doente que se cura. Às vezes é

---
[1] N. A. E.: Mateus, 13:1-9.

preferível ele ir a médicos, tomar remédios, passar por procedimentos cirúrgicos, ter uma cura lenta, às vezes dolorosa, e com isto curar seu espírito, do que tornar seu corpo sadio numa cura rápida sem esforço. Não se costuma dar valor ao fácil." "O senhor sabendo disto não se importa? Continua fazendo? Atendendo pessoas?", quis saber. "Jesus semeou seus ensinamentos e continua até hoje. Ai de nós se o Mestre Nazareno não fosse persistente. Por que eu não ser? Quando Jesus curou dez leprosos, um somente voltou e agradeceu; este, de fato, se curou. Afirmo a você que eu me beneficio, melhoro meu terreno no trabalho no bem." "E quanto ao meu menino? O senhor pode ajudá-lo?" "João, Leandro adoeceu demais seu espírito, infelizmente não posso curar seu físico!" "Por que adoecemos nosso espírito?", quis entender. "Maldades! Indo contra as leis de Deus." "Será que eu, como pai dele, posso auxiliá-lo de alguma forma?" "Com certeza", afirmou o senhor, "ajude-o a se curar espiritualmente!". "Como?" "O que é contrário ao ódio? Amor! Ame-o! Tente orientá-lo pelo amor, peça para que se arrependa dos erros que cometeu, para se perdoar e pedir perdão." "Leandro entenderá? Meu filho me parece tão alheio." "João, o cérebro físico de Leandro está danificado, e seu espírito, perturbado, mas o amor tem a capacidade de harmonizar." "Será que entendi o que o senhor tentou me explicar?", indaguei querendo aprender. "Leandro está doente porque seu espírito adoeceu pelos erros que cometeu?" "Sim, porém nem todas as doenças são por este motivo. Enfermidades simples são porque estamos reencarnados, vestidos do corpo físico. Se encarnamos, temos de desencarnar e tem que haver motivos; se não for por um acidente, será por alguma enfermidade. Doenças graves que causam maiores sofrimentos normalmente, sem ser regra geral, acontecem por reações de atos equivocados que cometemos. Sendo assim, o melhor é o enfermo se conscientizar e se esforçar para se curar espiritualmente. Todos os que me procuram tento explicar e os convido a mudar de atitudes e não errar mais. Lembro que Jesus muitas vezes ao curar uma pessoa advertiu: Vá e não peques mais, para que não lhe sucedam coisas piores. Muitas pessoas se curam com minhas orações, com as energias que doo, isto acontece porque comigo trabalham bons espíritos, porém somente se tornam sadias as que realmente melhoram suas atitudes e não erram mais. Saram pelo espírito." Passei a falar com Leandro da necessidade de ele se arrepender, não gostar mais de fazer maldades e aprender a fazer o bem, que ele precisava se perdoar e pedir perdão. Depois, na instituição, passei a fazer isto com todos os internos, repetindo muito o que tem na oração do Pai-Nosso: perdoar para ser perdoado. Meu apelido de Pai-Nosso é também porque sou para eles, como dizem, um pai de todos, dos enfermos, dos que trabalham lá. Dizem "João é o Pai Nosso". Não mereço este apelido, porém, ao escutar ser chamado assim, me lembro da responsabilidade que tenho ao cuidar de todos.

— Foi importante para você recordar dessa sua existência? – perguntou Heloísa.

— Sim, para mim foi. Entendi que Leandro não nascera daquela maneira por eu ter pecado. Ele nascera deficiente para ter uma oportunidade de aprender. Agoniei-me quando o peguei pela primeira vez. Pensei: "Como pode Deus ter criado um ser assim?" Realmente, não compreender é sofrido. Não aceitava as respostas que escutei. Quis mais, entender pelo raciocínio.

O conhecimento da reencarnação me deu este entendimento e mais: Deus faz tudo perfeito; somos nós, pelas ações erradas, que deturpamos as obras do Pai Criador. Estas lembranças me fizeram amar mais a Deus e entender sua misericórdia para com todos nós.

João deu por encerrada sua narrativa.

— Larissa, você quer falar hoje? — a psicóloga perguntou, incentivando-a.

— Sim — Larissa levantou-se e voltou em seguida a se sentar. — Queria ser como João, que minhas lembranças fossem de que eu fora a vítima. Penso que sempre quis ser vítima. É bem mais fácil! Meus pais tiveram dois filhos. Somos meu irmão e eu, ele é mais velho que eu seis anos. Meu irmão sempre quis cuidar de mim, eu não o aceitava, repelia-o, não gostava dele. Comentavam na família que eu tinha ciúmes dele. Na adolescência, comecei a esperar que meu irmão me fizesse uma maldade. Meus pais e meu irmão não entendiam a situação. Eu não falei nada de que esperava uma maldade dele. Mamãe me fez vir numa consulta com Heloísa, e ela me ajudou. Eram muitas indagações que eu fazia e sem respostas. Por que tinha certeza de que meu irmão iria me fazer uma maldade? Ele sempre foi bom, tentava me ajudar e me agradava. Heloísa me fez recordar minha infância, para ver se havia alguma coisa no meu inconsciente que eu esquecera, alguma atitude que tenha me atormentado, que tenha tido medo, que envolvesse meu irmão. Nada! Meu irmão sempre foi bondoso comigo. Ouvi então falar da regressão de vidas passadas. Achei interessante, me pareceu que a Lei da Reencarnação me era conhecida. Pensei que seria aí que encontraria a solução, com certeza meu irmão anteriormente

VERA LÚCIA MARINZECK DE CARVALHO DITADO POR ANTÔNIO CARLOS

havia me feito algum mal. Achei que teria sido uma vítima e que teria de perdoá-lo. Quis recordar para resolver este problema. Fomos voltando no tempo; como feto recordei que mamãe sentira o desencarne de seu pai, meu avô. Continuamos, isto foi em muitas sessões. Lembrei de minha outra existência, encarnação. Era jovem, bonita, queria ser rica e me casei com um viúvo que tinha um filho. Detestava aquela criança, um bonito menino. Meu marido ficou doente, e eu sabia que ele ia morrer e sua fortuna ficaria para o seu filho. Resolvi matar o menino, planejei e o fiz, dei um sonífero para ele num suco e, quando dormiu, joguei-o pela janela de seu quarto e ele caiu de uma altura de uns cinco metros. Fui dormir; de manhã um empregado o encontrou morto. Não deve ter morrido na hora, agonizou, porque pelos sinais de sangue ele se remexeu. Fingi sofrer e meu marido sofreu muito e piorou sua enfermidade. Para a morte do menino concluíram ou que ele se suicidara ou que, sonâmbulo, ele era, pulara dormindo. Meu marido, dois meses depois, desencarnou e me alegrei intimamente. Porém, embora fosse casada, não havia tido filhos, e dois sobrinhos do meu marido conseguiram ficar com a herança, recebi pouco. Então sofri. Tornara-me uma assassina por nada. Voltei para a casa de meus pais e tive de economizar. Quis casar de novo, mas só se fosse um pretendente rico. Não consegui, me tornei amarga e pensava fixamente no crime que cometera. Meu ex-marido, quando desencarnou, soube o que eu fizera e me perseguiu odiando. Adoeci, envelheci, fiquei pobre, sozinha e sofri muito. Confessei meu pecado, o padre me perdoou e me deu penitência. Fiz tudo o que este sacerdote mandou, tornei-me religiosa, arrependi-me mesmo. Meu ex-marido, obsessor, me perdoou e seguiu seu caminho. Sofri sozinha, fiquei anos doente e, quando desencarnei, fui socorrida por um homem que me ajudou muito. Vim a saber que quem me ajudara era o menino que assassinara. Chorei de vergonha. Ele me disse que a forma que ele desencarnara fora uma reação a um erro de seu passado, que se sentia quite consigo mesmo e que agora, sem ter nada de negativo, reencarnaria para progredir. Perdoou-me e disse que ia continuar me ajudando. Ele reencarnou e eu, depois, voltei ao Plano Físico. Este espírito é meu irmão. Julgando-o por mim, pelo que com certeza faria, achei que ele iria desforrar o que eu lhe fizera. Chorei muito com estas lembranças. Com toda certeza, elas me alertaram. Aconselhada por Heloísa, não contei a ninguém da família que lembrara do meu passado. O esquecimento de nossas outras vivências é graça de Deus para termos um outro começo. Aproximei-me do meu irmão, pedi perdão a ele pelas minhas atitudes, disse que era ciúmes e que eu o admirava e o amava; no começo ele estranhou, depois ficou contente com minha mudança, me desculpou e nos tornamos amigos. Meu irmão, espírito bondoso, já havia me perdoado uma grande maldade, desculpou minhas agressões nesta encarnação e continua me ajudando. Amo-o! Admiro-o! Resolvi tê-lo como exemplo a ser seguido.

Larissa se emocionou e chorou.

– Vamos terminar por hoje – determinou Heloísa –, mas antes queria pedir para João cantar para nós.

João cantou o Pai-Nosso, sua voz era linda, começou com um ritmo alegre, mudou para outro popular e terminou como um tenor. Foi muito emocionante. Todos enxugaram as lágrimas, Elias se comoveu e o aplaudiu de pé.

Abraçaram-se despedindo-se.

15º CAPÍTULO

O ALERTA QUE DEU CERTO

Elias estava tranquilo, continuou indo por várias sessões a Heloísa, que o ajudava a permanecer firme no seu propósito de se tornar uma pessoa melhor. Elias falou na reunião do grupo. Emocionou-se várias vezes ao contar suas lembranças. Não recordou de mais nada. Porém sentiu certeza, e absoluta, que realmente era verdade o que ocorrera com ele em suas vidas passadas; estava nele, gravado em seu espírito. Gostou de narrar porque sabia que todos ali acreditavam. Não falou disto a mais ninguém. Resolveu que não iria compartilhá-las com a família nem com os amigos.

Heloísa falou que ele não precisava ir mais às suas sessões, a não ser que quisesse. Parou de ir, assim como também não foi mais às reuniões do grupo. Sabendo que outras pessoas recordavam seus passados, as existências anteriores, isto o tranquilizou, porém não queria esquecer do alerta que recebera, estava de fato se melhorando. Não foi mais às reuniões do grupo porque nestes sábados os filhos não iam ao centro espírita, e eles não queriam faltar, porque estavam gostando muito das aulas da Evangelização Infantil e depois não queria deixá-los com sua mãe para não sobrecarregá-la.

Continuou assíduo nas reuniões no centro espírita, ele gostava, e também as crianças. Passou a ler, tornou-se sócio do círculo do livro e recebia todo mês livros bons e interessantes, realmente passou a ter outra visão da vida.

Alegrou-se quando Rose quis ir ao centro espírita e gostou também. Ia a família toda no sábado, depois ele ia com os filhos à casa de seus pais, e Rose voltava para a casa.

Seus sogros, depois de pedidos, estavam indo menos à casa deles, e os palpites foram escasseando.

— Rose querida — pediu Elias —, faça as pazes com a minha família. Prometo que não será como antes, eu não deixarei que se intrometam em nossas vidas. Já conversei com papai, mamãe e meu irmão, eles querem uma aproximação. Venha conosco almoçar no sábado num restaurante.

Ela hesitou, mas foi. No começo não ficaram à vontade, depois passaram a conversar, e tudo deu certo.

"Tive culpa nesses desentendimentos, queixava-me de Rose demais para mamãe, e ela tomou partido, ficava do meu lado contra ela."

Foi aniversário de Martin, e Elias quis fazer uma festa num salão, algo que não fazia, primeiro porque falava que faltava dinheiro, segundo para não convidar as famílias. Desta vez, além de convidar, ele insistiu que fossem. Quem ficou feliz foi Martin. Não houve problemas, a festa foi muito agradável, e as crianças se divertiram.

Elias entendeu que antes ele gastava muito dinheiro nos encontros das sextas-feiras e demais com a amante. Seu ordenado começou a sobrar, como também o de Rose, que não saía mais com as amigas, não foi mais às massagens, que deveriam ser encontros. Elias não soube nem quis saber quem fora o amante de Rose. De fato recomeçaram e estavam bem.

No aniversário de Rose, Elias combinou com os filhos, e eles guardaram segredo, que ele sairia mais cedo do trabalho, os pegaria na escola, e iriam comprar presentes para ela. Foram, as crianças escolheram, daria cada uma delas um presente. Elias comprou os presentes, um buquê de rosas vermelhas e um bolo. As crianças estavam eufóricas, ele entendeu que as crianças, as pessoas em geral, gostam de receber presentes, mas também de dar. Quando Rose chegou, eles a esperavam para o jantar e, alegres, deram os presentes. Rose ficou emocionada. Estavam comendo o bolo quando os pais dela chegaram para cumprimentar a filha e presenteá-la. Comeram um pedaço de bolo, e as crianças, contentes, mostraram os presentes que deram. Foi então que os sogros de Elias entenderam que de fato eles estavam bem. Não ficaram muito, foram embora tranquilos.

No trabalho passou a fazer o melhor que conseguia. Entendeu que tinha de fazer bem-feita sua tarefa para merecer o soldo que recebia. A desconfiança dos colegas diminuíra quando perceberam que ele não queria mais participar das fofocas e ensinava a quem o indagava sobre o serviço, e certo. O cargo de chefia que tanto quis ficou em segundo plano, percebeu que gostava do que fazia.

O diretor-geral marcou uma reunião, seria no horário de trabalho com alguns empregados. Elias foi convidado e escutou alguns comentários.

— O senhor Juarez está para se aposentar. Será que sua aposentadoria saiu?

— O que será que o diretor quer nos comunicar?

— Teremos um novo gerente?

— Não está curioso, Elias?

— Não estou.

De fato não estava.

"Se isto tivesse acontecido antes do ocorrido em Águia Dourada, certamente estaria em brasas, ansioso."

Ele sempre almejara ser o chefe da repartição e até diretor. Fizera algumas coisas indevidas, como bajular chefes, fofocar de colegas. Agora não queria mais nada se não fosse pelo que era, não fofocou mais, não bajulou ninguém, tratava bem os colegas e quem fosse o gerente, queria fazer o seu trabalho corretamente. De fato estava tranquilo e tinha a certeza de que não seria o escolhido. Conversava amigavelmente com os colegas, mas por vezes educadamente dizia que não queria ouvir comentários sobre ele nem saber de fofocas.

Foi à reunião. O diretor deu a notícia da aposentadoria do Juarez, o elogiou, agradeceu, e o gerente foi ovacionado.

— Todos devem saber que o novo gerente foi escolhido. É o Elias!

Foi surpresa para ele que, ao receber a notícia, estava brincando com a caneta. Parou, levantou a cabeça e olhou para o diretor. Esforçou-se para não demonstrar surpresa e exclamar "Eu?!".

VERA LÚCIA MARINZECK DE CARVALHO ditado por ANTÔNIO CARLOS

— Juarez e eu — continuou o diretor a falar — tivemos dúvidas quando seu nome foi cogitado meses atrás. Sabemos que você, Elias, entende muito do nosso trabalho, tudo o que faz merece crédito, e este fato continua; faltava antes um melhor entrosamento entre colegas. Ultimamente percebemos que você mudou, e para melhor; foi para mim muito bom vê-lo ensinar, ajudar os colegas, e é isto que quero, desejo, em um líder. Aceita o cargo, Elias?

— Sim, e farei de tudo para corresponder à confiança dos senhores.

A reunião demorou por mais trinta minutos, ficou decidido que Juarez ficaria por mais vinte dias para passar o trabalho para Elias. Houve cumprimentos; de alguns ele sentiu serem verdadeiros, que de fato sabiam que ele merecia o cargo; de outros, inveja. Consciente dos muitos problemas que teria, naquele momento decidiu ser um excelente chefe, humano, responsável e que ajudaria a todos.

Quando saiu da reunião, telefonou para seus pais para dar a notícia, e eles se alegraram. Foi para casa, Rose o parabenizou.

"Engraçado", pensou Elias, "quis tanto esse cargo e, quando não o almejei mais, ele veio até mim. Estou contente, porém sei da responsabilidade que terei e das muitas dificuldades".

Depois do jantar sentou-se numa poltrona e pegou um livro para ler por alguns momentos. Ele já lera e gostava muito de um dos livros de Allan Kardec, *O que é o espiritismo*. Achou interessantes os diálogos descritos de Kardec com três pessoas que pensavam diferente. Costumava, ao ler os livros, riscar trechos que mais gostava e os que lhe davam uma informação que era, naquele momento, importante. Abriu e leu o que já havia grifado:

estava no "Segundo diálogo: O céptico", em "Loucura, suicídio e obsessão" e "Esquecimento do passado": "Se, a cada existência, um véu é lançado sobre o passado, o espírito não perde nada daquilo que adquiriu no passado: ele não esquece senão a maneira pela qual adquiriu a experiência".

Elias leu o parágrafo todo.

"Como Kardec explica! Sei ler e escrever, lembro que aprendi, mas não consigo me lembrar como. O conhecimento que um espírito adquiriu é dele; reencarna, e um novo aprendizado se faz fácil, porque recorda, porém esquece de como aprendeu. Isto é maravilhoso!"

Elias fechou o livro e olhou para os filhos, que estavam montando um quebra-cabeça; era Martin que montava, e as duas meninas olhavam e opinavam.

Ele olhou para Manuela, fez um sinal para ela ir para o colo dele, a menina sorriu e fez um sinal que não, preferia ficar vendo o irmão.

"Manu já não me olha mais com aquele olhar carente, agora ela sente que eu a amo com um amor puro, fraternal, e se sente protegida. Meus filhos estão felizes. Penso que, embora Rose e eu não discutíssemos na frente deles, com certeza, mesmo sem compreender o que acontecia, eles sentiam que não estávamos bem; reagiam, eram rebeldes e estavam carentes. Ultimamente estavam mais comportados, e as notas escolares melhoraram, principalmente depois que eu passei a ajudá-los nas tarefas escolares e a participar do dia a dia deles. Ver Manu tranquila, serena, é gratificante. Aprendemos com certeza, ela e eu, a amar."

Continuou a olhá-los e a pensar:

"Teremos com certeza problemas, como todos têm, uma doença, rebeldia, espero que não seja nada grave. As pessoas pensam diferente, divergências ocorrem nas famílias, e atualmente estamos em paz, mas não com a amizade que idealizei.

VERA LÚCIA MARINZECK DE CARVALHO ditado por ANTÔNIO CARLOS

Conviver não é tão fácil, necessita-se de uma dose, e grande, de compreensão, de paciência e de muito amor. Talvez tenhamos algumas desavenças, mas poderemos com certeza controlá-las. No trabalho, provavelmente terei problemas, mas irei me esforçar para resolvê-los. Preciso ter em mente que dificuldades são para ser resolvidas. De fato fui alertado quando recordei minhas vidas passadas. Realmente recebi um alerta que tinha de melhorar minhas atitudes e não errar mais. Sinto-me melhor, em paz, e estou feliz. Já agradeci, mas quero sempre agradecer. Sou grato ao Senhor meu Deus, aos bons espíritos; e a você, Benedito, onde estiver, meu muito obrigado."

A esposa aproximou-se.

— Rose — disse ele —, como estou novato no cargo, tirarei férias na época das férias das crianças, mas por vinte dias. Tire você trinta dias para ficar mais com os meninos.

— Vamos fazer o seguinte: você sai uma semana antes de mim, fica com as crianças, viajaremos por duas semanas, e depois eu fico com os nossos filhos. Posso ir ao hotel fazenda aqui perto, e você pode se reunir a nós nos finais de semana.

— Decidido! — concordou Elias.

Ele olhou para os filhos e disse:

— Aproveito que estamos nós cinco aqui para planejar nossas férias. Aonde querem ir, crianças?

— Praia! — Martin opinou.

— Praia é uma boa ideia. Mas este ano, além de praia, vamos ao parque. Hospedaremo-nos na cidade que tem o parque por uns cinco a seis dias. Que tal?

Rose parou e o olhou. Elias entendeu, ele sempre fora contra ir num parque, argumentava que era caro, que as crianças davam trabalho, que não gostava, que lá não tinha o que fazer etc.

— Rose, eu a ajudo com as crianças! — afirmou.

Ela sorriu e balançou a cabeça. Agora Rose acreditava nele.

– Papai! – Martin levantou-se, nem se mexia, arregalou os olhos e o olhou fixamente. – É verdade? Aquele parque que eu sempre quis ir? Verdade mesmo?

– Sim, filho, aquele parque. Vamos nestas férias!

Os três pularam eufóricos, riram, começaram a planejar e a falar juntos.

– Vou na montanha-russa!

– Quero ir na roda-gigante!

– No carrossel!

Elias se emocionou e compreendeu que realmente nos sentimos felizes quando fazemos a felicidade dos outros, principalmente do próximo mais próximo. Alegria!

O Mistério do sobrado

Vera Lúcia Marinzeck de Carvalho ditado por Antônio Carlos
Romance | 16x23 cm | 208 páginas

Por que algumas pessoas – aparentemente sem ligação mas com as outras – foram assassinadas naquela sala, sem que ninguém nada escutasse?
Qual foi a razão que levou as vítimas a reunirem-se justamente na casa de dona Zefa – uma mulher de bem, tão querida por toda a vizinhança?
"O mistério do sobrado" é um romance intrigante, que fala de culpa e arrependimento, de erros e acertos.
Uma narrativa emocionante, onde o mistério e o suspense certamente prenderão a atenção do leitor das primeiras até as últimas páginas – conduzindo-o a um desfecho absolutamente inesperado e surpreendente...

Entre em contato com nossos consultores e confira as condições
Catanduva-SP 17 3531.4444 | boanova@boanova.net

 17 3531.4444
 17 99777.7413
@boanovaed
boanovaed
boanovaeditora

Av. Porto Ferreira, 1031 | Parque Iracema
CEP 15809-020 | Catanduva-SP

www.**petit**.com.br | petit@petit.com.br
www.**boanova**.net | boanova@boanova.net